# つながる心

ロンドン五輪競泳日本代表
ひとりじゃない、
チームだから戦えた。

---

**27人のトビウオジャパン** 松田丈志・北島康介・寺川綾……

↑「康介さんを手ぶらでは帰すわけにはいかない」。その想いが結実した、ゴールの瞬間。
↓銅メダルを獲得した女子メドレーリレー。歓喜のシーンは何度見ても胸が熱くなる。

本番前日。プールサイドで萩野公介の掛け声で「ワンパ（試合前恒例の円陣）」をするトビウオジャパン。これぞまさに「つながる心」

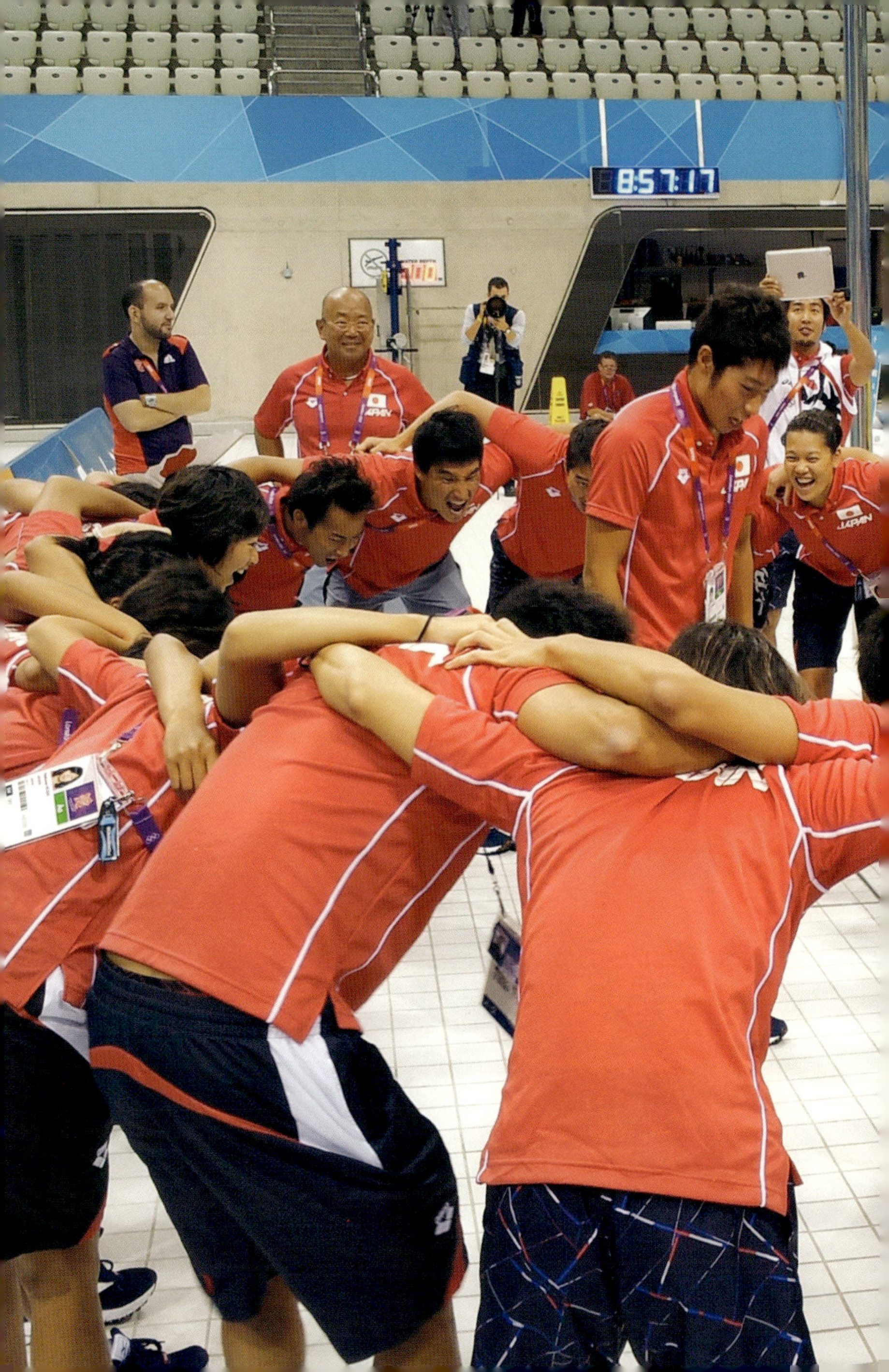
8:57:17
JAPAN

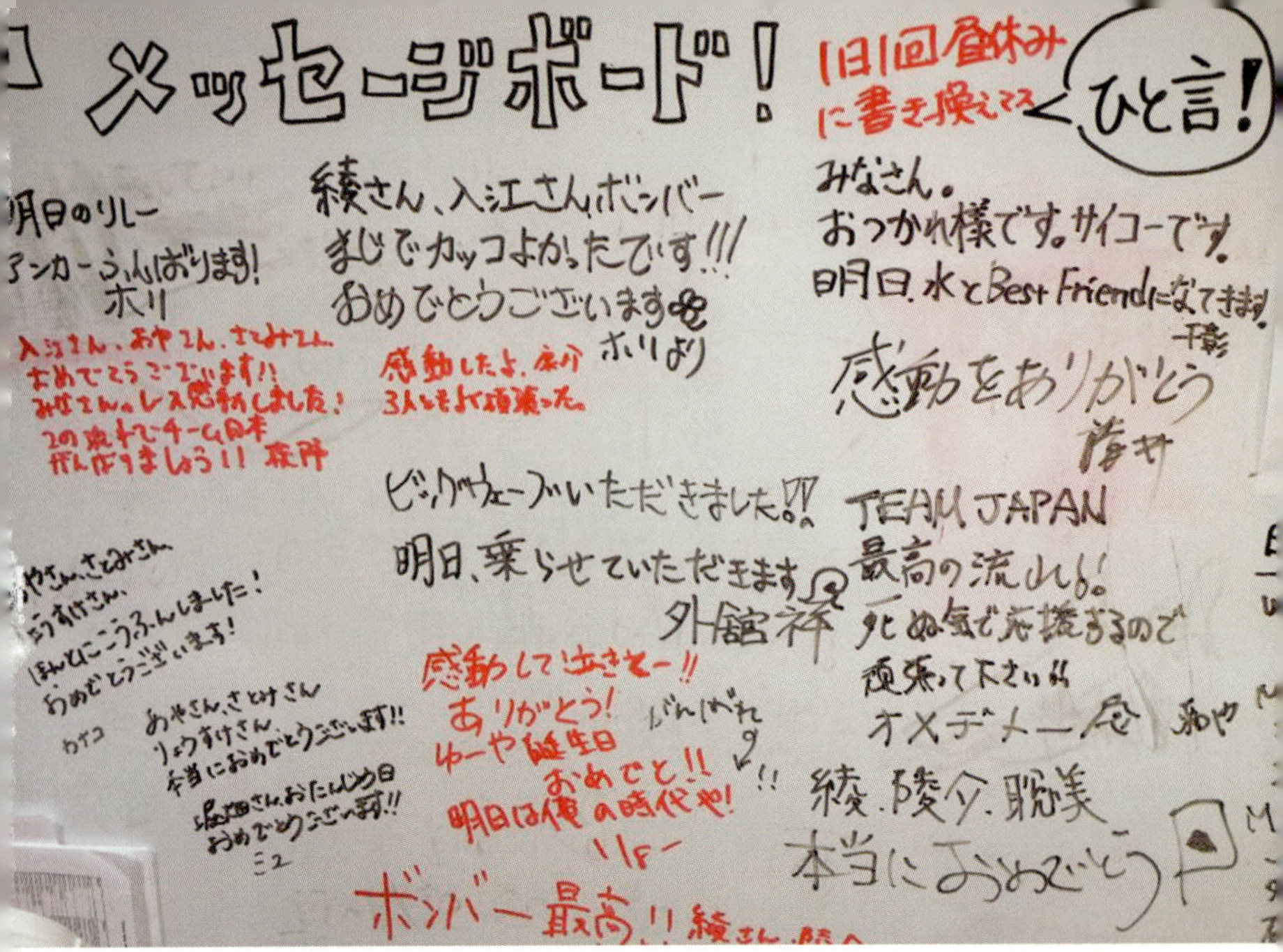


↑宿舎の入り口に置かれたメッセージボード。顔を合わせられない時も心はつながっている。
↓メドレーリレー予選後に4人でレース分析。ここでの反省が銀メダルを呼び込んだ。

# つながる心

ロンドン五輪競泳日本代表○ひとりじゃない、チームだから戦えた

撮影○ＪＭＰＡ　トビウオジャパン選手&スタッフ　装丁○中城裕志　構成○小沢コージ

# ワガママで、孤独な現代人たちへ

「スイマーは孤独ですよ。でも、それって普通に働いてる人もたぶん一緒ですよね？」

とあるベテランのトビウオは言った。確かにその通りなのだろう。競泳はリレーを除き、ひとりでする競技であり、それは人生という名のレースによく似ている。

始めた頃は家族や友達といつも一緒。「水に入るだけでも楽しくてしかたない」。だが、小学校、中学校と節目節目で自我に目覚め、戦いに目覚めるたびにひとりになっていく。「スタート台に立った時に、孤独感を感じることはあります。体調が悪かったり、練習不足だったりとかで。結局、競泳は自分の不安との戦いみたいな部分もありますから」

スタンドに大応援団が来ていようが、両親が声を張り上げていようが、スタート台に立ったら裸の自分ひとり。コースはきっちりと左右のブイで分けられ、万が一にも隣の選手と触れ合うことはなく、コーチがゴムひもで引っ張ってくれることもない。

そのうえ、水の中だ。歓声は時折聞こえるが、波の音で打ち消され、外界から遮断される。

そこで評価されるのは、タイムのみ。それも0・01秒まで計測される。距離にすればほんの数㎝。陸上競技のように偶然性のある追い風参考記録などはなく、サッカーや野球のようにわかりやすいエンターテインメント性もない、残酷なまでに純度の高い測定値。

そして結果のよし悪しは、やっぱりひとりで受け止める。

「でも、今回のロンドンは違ってたんです。ひとりで泳いでてもひとりじゃなかった」

人間は、不思議だ。ひとりでいるのにひとりと感じない時がある。それは、仲間とつながっている時だ。特に今回のロンドン五輪での私たちがそうだった。泳いでいる間、仲間と話すことはできないが、私たちはお互いのことを実によく見て、知っている。身長、体重、性格、ベストタイムに始まり、今日の気分、体調、戦略、変な話、どのアーティストのどの曲が好きで、昨晩何を食べ、試合が終わったら何をしたがるか、最近誰と付き合い、誰にフラれたかまで知っている。何より私たちは、仲間の泳ぎについて本当に詳しい。今までどんな想いで泳ぎ、今のフォームを作り上げてきたのか。どれだけキツいトレーニングを積み重ねてきたのか。しゃべらなくとも分かり合える。だから孤独な水泳でも孤独を感じなくなったのだろう。そうやって、今回の11個のメダルは生まれたのだ。

もちろんそういう濃密で、タイトな関係は簡単に作れるものじゃない。家族がそうであるように、腹を割り、ともに泳ぎ、ともに鍛え、ともに笑い、ともに怒っては泣いてつなげてきた、ある種のテレパシーにも似た感覚だ。

ロンドン五輪最終日の男女のメドレーリレーの時は、みんなが次々にこう言い合った。

「すごい、最高！」「もう、自分が泳いだんじゃないかっていうくらい興奮した!!」と。

そう、あの時、私たちは確かにつながっていた。私たちは水泳を通じてつながっているきょうだいであり、家族であり、同志なのだ。その感覚は理屈を超え、心で確信している。

このつながる感覚はきっと普通の人にも役に立ち、元気をもたらすと思う。移動が楽になり、世界のどこに行っても電話やネットで連絡が取れるようになった現代だが、寂しさを感じることは不思議と多い。便利になった分、逆にすれ違いは増えている気すらする。

もちろん私たちはオリンピックという他に類のない高いレベルの試合のために、同じ高みを目指して集められた競技者である。そういう意味では、やや特殊な集団だ。だが、皆さんも仕事や学業やスポーツを通じて、何かを目指し、ともに過ごす仲間がいるはずだ。

その仲間ともっとつながり、通じ合えば、人として喜び合い、高め合うことがまだまだできると私たちは思うのだ。

このトビウオ本が、そんな何かの一助になることを心から願っています。

ロンドン五輪競泳日本代表　トビウオジャパン

はじめに



chapter 01
チームを作る



chapter 02
まとまるために

chapter 03

## 情報と感情を共有する



chapter 04

## モチベーションを上げる

## chapter 05 現実を直視する



## chapter 06 結果を出すために

chapter 07

## 考えるということ



chapter 08

## 誰かのために

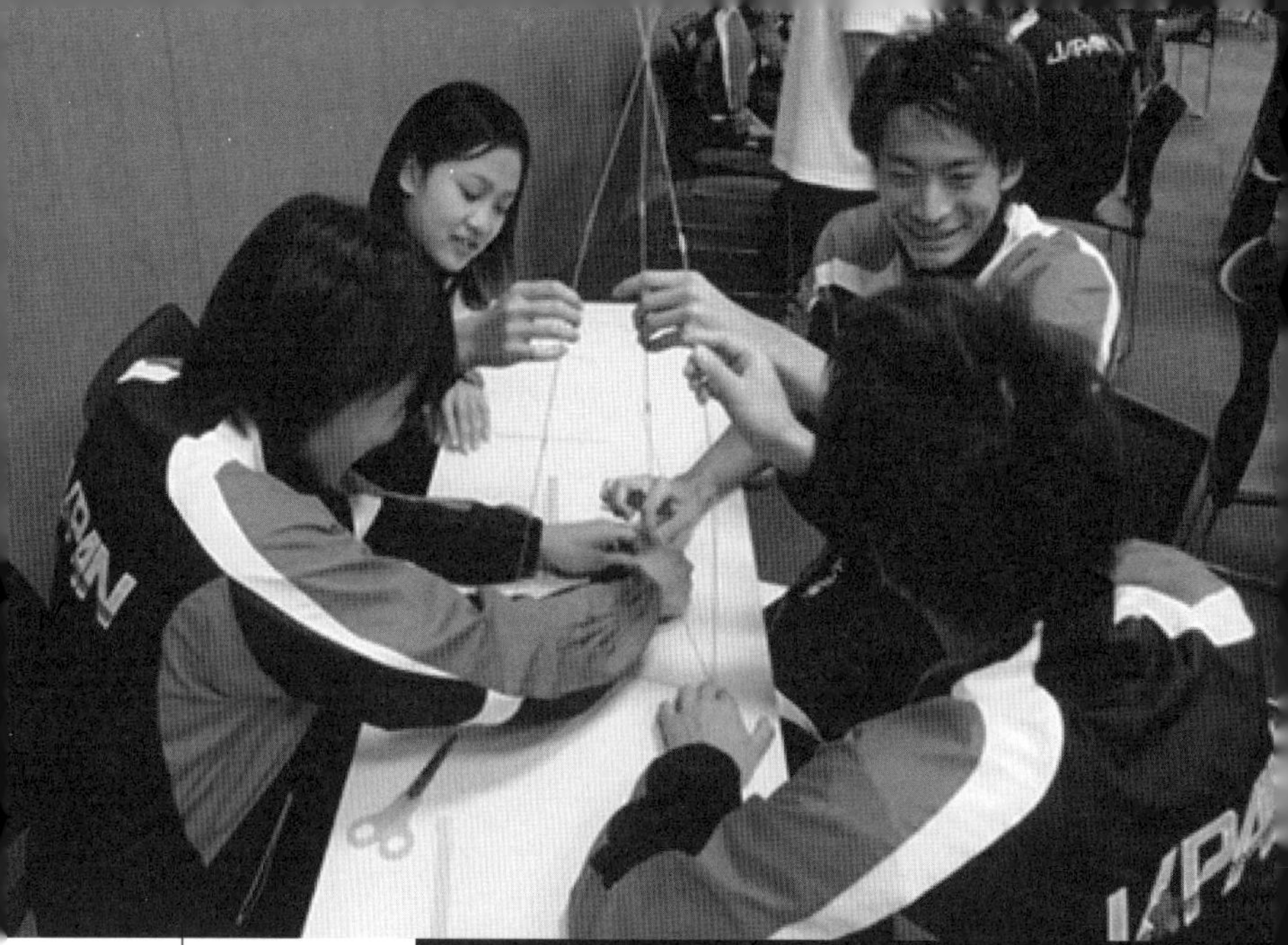

第一次合宿で行った「アイスブレーキング」。なんだかみんな楽しそう

chapter 01

Japanese Olympic Swimming Team 27

# チームを作る

## ジャイアンからオタクまで揃ったイマドキな27人——松田丈志

僕は正直、結構自分勝手でワガママですよ。子どもの時、もちろん変な弱い者イジメはしなかったけど、スポーツは全般的に得意だったし、身体も大きかったんで背の順はいつもクラスで一番後ろ。運動会でもずっとリレーの選手だったし、勉強もそこそこできて、怖いものなしでしたね。モテたかどうかは忘れたけど（笑）。

でも、小学生の時にサッカーをやってみたらあんまり面白くなくて。もちろんゴールを決めるのは楽しいけど、よくも悪くも自分ひとりでどうにもできないのがイヤだったんだと思う。もっとオレにパスくれよ！　とか思っちゃうし。かといって個人技だけでグイグイ行けるほどうまくもなかった。だからひとりでできる水泳に行ったんじゃないかな。たぶん（北島）康介さんもそういうタイプだと思う。康介さんも、足は速いし、運動神経もいいしね。きっとなんでもうまくこなすはず。

今回の競泳日本代表27人の中にもいろんな選手がいて、例えば、水泳しかできなくて、意外と不器用……みたいなヤツも当然いる。オタクっぽい選手もいて、部屋でずっとYouTubeでアニメの動画見てるヤツとか、ゲームばっかりやってるヤツもいるし、ジャニーズ顔負けのイケメンでピアノまで弾けるヤツもいる。年齢層だって女子高生から僕らアラサーの世代まで幅広くて、それぞれに個性があって、だけど譲れないこだわりみたいなものを持った人間の集まりだったと思う。つまり今回の競泳チームには、ジャイアンからオタク、イケメンやギャルまで、本当に色々な人間が揃ってたんです。

ただし、人を蹴落としてでも前に行きたいというヤツはいなくて、そもそも他人を気にしないという感じの人間が多いかも。今回女子の平泳ぎで活躍した鈴木聡美なんかまさにそうだし、背泳ぎの寺川綾も案外そう。みんな超マイペース。でも、だからこそ結果も出せるんだと思う。社会人だってそうじゃないですか。いい人よりある程度ワガママな人のほうが成功するでしょう（笑）。

## 面白マジメが理想のキャプテン――松田丈志

今回僕は、日本代表監督の上野広治先生に任されて、キャプテンを務めていたわけですけど、そこで最初に思ったのは、

「キャプテンは、結果で引っ張らなければいけない」

ということ。行動で範を示すっていうのがまず第一でしょう。実際、今回上野先生は、目標として、

「金を含むメダル8個！　そして入賞20‼」

って口を酸っぱくして、繰り返し言ってたわけだけど、確かにいくら選手同士の仲がよくても、結果が出なきゃしょうがない。実績が残せなければしょうがないわけです。なぜなら結果あればこそ、今回の喜びや感動もあったわけで、結果が出ない単なる仲良しグループなんてお話にもならない。僕らは勝つためにロンドンに行ったのであって、単なる観光旅行に行ったわけではないですからね。

それからさらに、自分以外の選手に結果を出して貰うためには、チーム力を高めるというか、チームを結束させる必要があって、そこには次の理由がある。まずは

「人はひとりじゃ戦えない」

ということ。そもそも人はそれほど強くない。たったひとりで世界の大舞台に挑み、自分の実力を出し切れる人はそれほど多くはないんです。それはおそらく、経験の少ない新人ほどそうで、だからこそチームの一体感でありサポーターは必要。そして、そのためにはマジメな事を言って選手を集中させ、気持ち良く戦える状況を皆で作ることと、それとはまったく逆に選手同士が笑いあったり、バカなことを言って、思いっきり解放される場所や状態を作ることが重要です。このオンとオフの切り替えによって感情が吐き出され、チームの一体感であり、信頼関係が増し、それが

「本番における集中力のアップ」

にもつながるんです。というのも人間、集中出来る期間なんてそんなに長くなく、せいぜい1週間、厳密には数時間が限界ですよ。となると、4月のオリンピック選考会で一度ピークを作った後、その4ヵ月先のロンドン五輪で最高に集中する瞬間をつくるためには、要所要所で、リラックスし、楽しむ時間もなくてはならない。

人間、我慢に我慢を重ねることだけがいい結果を生むとは限らない。実際、アテネの時の僕はそこで失敗し、続くわけのない緊張状態をひとり続けて、本番で力を出し切れなかったわけですから。

そこで出てくるのが副キャプテンの藤井拓郎ですよ。彼は本当に今回みんなをよく笑わせ、リラックスさせてくれたわけだけど、実は僕が最初に行ったアテネ五輪でキャプテンを務めた山本貴司さんは、その両方ができる人だった。

貴司さんはいわば僕にとっての五輪キャプテンのお手本で、正直僕はあの人を目標に今回キャプテンをしてました。貴司さんはマジメになってシリアスな話もできれば、自ら道化になって、みんなを笑わせることもできる。まさに理想のキャプテンで、というのもまた貴司さんが関西人で、キャラ的に非常にオイシイんです。

誰からでもイジられるタイプで、後輩にもイジられてましたから。独特のユルイ空気が漂ってて、当時一番年下だった僕ですら時々突っ込んでましたからね。

「貴司さ～ん、なにやってんスか～」

みたいな。

それでいて貴司さんは本当に苦労人なんです。五輪には、アトランタ──シドニー──アテネと3大会連続で出てるものすごいアスリートなんですけど、なんと3大会目でやっと銀メダルを獲った。まさしく努力の人なんですね。

もちろん康介さんは康介さんで、超カリスマですごく刺激になるし、文句ナシだけど、飛び抜けた存在なので、みんな別次元の人だと思っちゃう。だけど貴司さんは、なかなかオリンピックで結果が出せずにいて、3回目のオリンピックでやっとメダルを手にしたんです。だからすごく身近に感じられるんです。

いずれにせよ、僕には貴司さんにしろ康介さんにしろ、いい先輩がいた。僕は、どちらからも盗めるところは盗み、さらに一部キャプテンとしての役割を（藤井）拓郎に負担してもらったってわけです。なのですごくラッキーでした。だからあんまりホメないでくださいい（笑）。

## 関西人はオイシイ——松田丈志

これは人間力の話にも関係してくるんですけど、あまり知られていないかもしれませんが、オリンピアンには関西の方の割合が多いんですよ、なぜかね。そして、メダリストにも関西の方は多い。つまり、オリンピック競泳界においては関西人の方というのは最強の遺伝子なわけで、古くはベルリン大会の前畑秀子さんもそうだし、メルボルン大会の古川勝さんなんかもそう。

もちろん偶然もあるとは思うんですが、それだけとは言い難くって、関西の方って基本いつでもどこでもプラス思考じゃないですか。どこでも関西弁で通すし、失敗すら笑いに変えてしまうたくましさがあって、それって勝負事において重要になってくると思うんですよね。コミュニケーションは基本的にうまいし、しくじってもへこまず、

「あ、これ逆にオイシイ?」

みたいな。

それとオリンピックに向けて調整していく中で、突き詰めて身体を仕上げていくと、どうしてもうまくいかない部分が出てくる。

「身体の調子がどうにも上がらない」

とか、

「水を掻く感覚がよくならない」

とかね。

最悪、怪我とかね。でも、だからといって立ち止まるわけにはいかないわけで、そういう部分でも障害とうまく付き合いながらプラスの部分を見つけて前に進み続けていくことが重要なわけじゃないですか。

今回ロンドン五輪のトビウオジャパンでも大阪出身の副キャプテン・藤井拓郎が、まさにキープレーヤーでした。簡単に言っちゃうと盛り上げ役で、大阪弁でうまいことみんなを笑いの世界に引き込むんだけど、正直僕にはそれはできない。そういう部分は本当に助かりました。

それと驚いたのはロンドン五輪終了後、拓郎がすぐに、

「4年後もやります!」

って言い切ったところ。僕のちょうど1学年下で、リオ五輪の時は、31歳になっちゃうんだけどね。そこまで競泳を続けた人って今までいなくって、過去オリンピックに行った競泳選手で最高齢は2012年の康介さんの29歳。でも拓郎は、

「競泳日本代表に入れなくなるまでやります」

って言い切ってたからすごいよ。まあ、単なる水泳オタクだからかもしれないけどね（笑）。

## カリスマはできるだけ巻き込め――松田丈志

今回のロンドンで運がよかったことはいくつかあるけど、その中でも特筆すべきは康介さんが現役でいてくれたってこと。これは僕ら選手にとってすごく幸運でしたね。

ご存じ、康介さんはアテネ―北京と２大会連続で平泳ぎの１００ｍと２００ｍの２冠を獲って、そのうえメドレーリレーでも銅を２大会連続で獲った不世出の天才であり、まさにミスターオリンピック。だけど、既に金４個を含む、６個もメダルを持っている人だから、ロンドンには出ないかもって思ったりもしてた。

そしたら3年前に見事復帰し、２０１２年4月の代表選考会では、ぶっちぎりのタイムで完全復活。康介さんは、まさにいるだけで現場がピリッと締まるし、すべての行動が参考になる。なにしろ、康介さんとまったく同じことができれば、金が獲れちゃうわけだからね（笑）。極端に言えば生きる伝説みたいな存在ですよ。

ただし、そういうスペシャルな存在で、そもそも日本を飛び出してアメリカを拠点に復活した人だから、今回僕は康介さんにはチームのことは考えずに好きにやってもらえばい

いと思っていた。実際、上野監督も、

「今回は康介は康介のためのオリンピックだから、あいつの好きなようにやればいいんだ」

とか、

「うるさいことはゴチャゴチャ言わないから」

と言っていた。

実際、康介さんが日本にいたのは選考会直後の最初の国内合宿だけで、その後はすぐアメリカに飛び立ってしまった。

でも、オリンピック本番の約1週間前、ロンドンの選手村に合流してからは、すごく活躍してもらったんです。まず上野監督からして練習が終わるたびに、

「おい康介、なんかしゃべれ」

ってふってくれるから、康介さんも
「えー、なんも考えてないんスけど……」

とか言いながら、結構しゃべってくれた。

すると、これがすごく心に響くんですよ。基本、康介さんの言うことは
「いつも通りにやればいい」とか
「楽しくね！」

と特別な言葉ではないんだけど、そこには嘘偽りがないし、実感がこもっている。しかも、選手ひとりひとりの目を見て、直接語りかけるような口調でしゃべってくれる。これはすごく精神的に大きかったと思うし、これで「オレもなんとなくイケそう！」って感じた選手も多いと思う。

あと、個人的に聞いたことで面白かったのは、

「オリンピックはやっぱ、男が引っ張んねぇとな！」

って言ってた部分。実は康介さんが最初に出たシドニー五輪って、女子しかメダル獲ってないんですよね。男子は康介さんの4位入賞が最高で、全体としては振るわなかった。僕としては、オリンピックは男女ともに頑張ればいいと思ってましたけど、なんか康介さんがそう考えてたのは男としては嬉しく思いましたね。

それと僕が一番ファインプレーだなと思ったのは、今回僕たち日本代表は、本番前日に「ワンパ」っていって、プールサイドで円陣を組んで気合いを入れ合ったんですけど、あの発案者って康介さんなんです。

ロンドンで本番直前に上野監督がミーティング後に突如、「おい、何か応援やれよ」って言い出して、選手間では「えーっ、今から～？」って雰囲気になったんだけど、すぐに康介さんが「明日、試合会場でワンパやろうぜ！」って言ったら、みんなも「いいっすね

〜」って言い出して、しかも拓郎の推薦で男子最年少の萩野が音頭を取ることになった。そしたら萩野が見事そこで盛り上げてくれて、なんと翌日の大会初日に行われた400m個人メドレーでも銅メダル！　あれで確実に流れを作れましたよね。

残念ながら今回の康介さんは、個人種目のメダルには手が届かなかったけど、みんなで獲った11個のメダルには、確実に貢献していると思う。カリスマの存在、有形無形の価値ってそういうところにもあると思うんですよね。

皆さんの業界でも、もしもカリスマがいたら問答無用で巻き込んだほうがいい。僕は、本当にそう思いますよ。

## マイペース上等、ポジティブキャラを集めろ！——松田丈志

会社などでもそうかもしれませんけど、戦う集団を作る時に最も大切になってくるのは人選です。結局、そのチームが成功するかしないかは、実際の戦略やメンタルケア法にもよるけど、まずは「どういう人を選ぶか？」ですから。

もちろん五輪代表は、その年の4月の日本選手権で速かった順にメンバーが決まってしまうわけですが、僕は最初にメンツを見た時、

「今回、変なヤツはいないいな」

と感じて、そこはラッキーだなと。変なヤツって言ったら失礼かもしれないですけど、たまに入ってくるんですよ、素直じゃないヤツが。

泳ぐのが速いとか遅いとか、生意気とか生意気じゃないとかの問題ではなく、ネガティブ思考なのか、ヒネくれてないのかの問題です。負けん気が強いとか、すごいマイペースだとか、嫉妬深いとか、そういうのはいいんです。むしろウエルカム。それを発奮材料にして前向きに本人が頑張ればいいだけの話ですから。

それより一番の問題は、感情の向かう方向です。つまりネガティブな感情をストレートに表さず人のせいにしたり、「誰々さんがこう言ってましたよ！」みたいに、歪曲して一部の人間にだけ伝えたりして、全体の雰囲気を壊されるのが一番困る。今回、そういう選手はいなかった。

同じ日本選手権でも、オリンピック選考会になる年は特に厳しいから、実力以上にメンタルがちゃんとしたヤツでないと生き残れない。誰もが「コイツにはオリンピックに行ってほしい」って思うような選手じゃないと、生き残れないんです。不思議なもんですよ。

とはいえ、最初に気になったのは渡部香生子、大塚美優、内田美希の女子高生トリオ。彼女たちはなにしろ若いし、しかもデリケートな女性だからそれなりにケアしなければばいけない。

後は中堅ともいえる鈴木聡美。彼女は、ものすごく頑張り屋で素直だし、礼儀正しく実力もあって、今回のオリンピック選考会でもいい泳ぎをしてたから、うまくいけばメダルも獲れるなって思ってたんです。実際、今回銀と銅を獲ったしね。ただし、極端なマイペース型だから、誤解される可能性があった。

でもまあ今回の女性陣は、僕と同学年の寺川綾と伊藤華英のお姉さまスイマーが揃ってたから安心と言えば安心でしたね。

彼女たちは、水泳ファンなら良く知る10代からずっと活躍している選手で、ふたりとも美人。しかも、まったく性格が違うから、ふたりが上にいるとすごく女子チームのバランスが良くなる。とある先輩スイマーも
「今後この2人みたいなコンビは、そうそう出てこないだろうな…」

って言ってたほど。だから女子チームの方は彼女たちに任せていれば大丈夫だと思ってたし、実際そうなりましたね。

ホント、康介さんといい、寺川&伊藤コンビといい、つくづく今回はラッキーでしたよ。

テネリフェ合宿中のオフにビーチへ。左から、上田春佳、高橋美帆、金田和也、鈴木聡美、星奈津美。キャプテンを砂浜に埋める時も、チームワークを発揮

airweave designed for athletes
JAPAN

決勝を前に控え室でリラックスする男子メドレーリレーメンバー。戦いを前に笑い合える、その精神状態が好結果を生む

選手村でも連日行われたミーティング。皆、真剣な表情で聞き入る

chapter 02

Japanese Olympic Swimming Team 27

# まとまるために

## 嫌われ役は絶対必要——松本弥生

女子をまとめるって結構大変なんですよ。よく言われますけど、男子はわりと単純で、松田キャプテンがひと言ビシッと言えば、勝手に締まっちゃう部分があって、そのうえ、北島さんがいたら完璧。揺るぎなし。

ただ、女子の場合ちょっと違ってて、寺川綾さんと伊藤華英さんという同級生コンビが上にいて、基本的にはバッチリなんですが、なにしろ今回は初代表のJK、つまり女子高生が3人もいたじゃないですか。するとどうしても目が行き届かない部分が出てくる。

しかも今回の事前合宿は、大雑把に個人代表のチームと、リレー代表のチームとに分かれてて、それぞれに綾さんか華英さんのどちらかしかいないわけですよ。しかも、JKは上が17歳で下が15歳で3人もいて、さらに代表に決まる1カ月前まで女子高生だった同じく初代表の大学1年生、高野綾が加わる。この子たちがホント、あんまり集団生活もしたことがない子どもたちばかりだから、可愛いミスを次から次へとしでかすんですわ（笑）。

特に春はリレー合宿が多く、毎日のように華英さんと私で彼女たちに何かを指摘してましたね。例えば最初は、誰かが合宿所のお風呂で携帯電話使って音楽鳴らしてて、他の競技の人から苦情が入ったんで、私が「お風呂は公共の場だから迷惑をかけないの」って言ったり、華英さんも「痛い痛い言うんなら、オフはまず病院に行け！」とかビシバシ指摘。ポイントは、若い子が何かしでかしたらとにかくその場で怒ること。これ、最大の基本です。そうでないと、なんで怒られてるのか本人が忘れちゃう場合があるし、最悪不満だけが残るから。

後は、嫌われるのを恐れないこと。今回は特に寺川さんが、ある意味女子代表全体の嫌われ役を買って出てくれました。実は一度、ロンドン入りした後に私まで一緒に怒られたことがあって（苦笑）。とあるオフの前日に、華英さんがみんなを翌朝の食事に誘ってくれたにもかかわらず、私をはじめ、主にリレーチームの4〜5人が次々「あ、明日は選手村での朝食はいいス」とか「部屋で食べます」とか、あっさり断っちゃったんです。

そしたら綾さんが、リレー部屋に烈火の如く怒って乗り込んで「先輩が誘ってるのに、その言い方はないんじゃない？」「基本、オフの朝はみんなで食べるって決めたじゃない！」と。

実は断った加藤和なんかは、その日の午前中にロンドンで震災関連のイベントがあって、食事時間をずらしたかったみたいだけど、それを事前に伝えてなくて、結局みんなで「スイマセン」と。

でも、別に綾さんや華英さんに怒られても全然嫌いにならないし、納得できるんですけどね。いつも正論だし、尊敬できる先輩なんで。

# 戦うためにはピリピリばかりしていられない――渡部香生子

最初は大人の方ばっかりなんで「ちょっといづらいのかな?」って思ってたんですけど、皆さんすごく仲良しで、本当にみんな優しくて、とっても話しやすかったです。もちろん、これまでのインターナショナルの合宿で既に会ってたりもしていたので、初めましての人はほとんどいなかったんですけど、もう少し厳しい感じっていうか、ずっと緊張してたり、ずっとおどおどしながら過ごすようになるのかな? と思ってたら全然違っていました。特に1回目の合宿の時は、女子が集まった時に、(寺川)綾さんと(伊藤)華英さんが、ケーキを買ってきてくれたんですよ。

その時も、「何時に女子ミーティングするから」って前もって言われてて、

「ダメなところとか指摘されるのかな?」とか、

「代表の心構えとか教えられるのかな?」とか、

「『こっからはビシビシ行くよ~』とか言われて怒られるのかな?」

って思ってたから、

「え、ケーキ? 何それ?・?」

って感じで本当にびっくりしちゃって、

「こんなことまでしてくれるの？」

って感じだったんです。華英さんとか、もうずっとゲラゲラ笑ってて本当に居心地よくて、いい意味で代表の皆さんには裏切られました（笑）。

それと選手たちのキャラっていうか、先輩たちはすごく面白い人が揃ってて、中でも一番すごいのは健さんなんです。高桑健さん。ずっとテンション高くて、もうヤバイって感じで（笑）。

ただ、楽しかったのはよかったんですけど、自分のレースに関しては本当につらさだけが残って。予選はそんなに速くはなかったんですが、日本選手権と同じくらいのタイムだったんで「準決勝には行けるかな？」と思ってたら、私のレースは日程が後のほうなので、「決勝に残らなきゃ」とか「自己ベスト出さなきゃ！」みたいな想いが知らないうちにプレッシャーになってたようで。本番中、そんなに気にしてなかったはずなんですが、結局、決勝に残れず……。同じ種目で鈴木聡美さんが2位に入ったから、チームの流れは止まらなかったとは思うんですが、なんだかすごい悔しくて。

きっと楽しくて充実した時間を過ごせた分、それを結果に結び付けられなかったことがすごい悔しかったんだと思います。この思いは一生忘れないでしょうね。

でも、とにかく中学で行った修学旅行よりはるかに楽しかったです！　次にまたオリンピックに行けたら、今度はもっと楽しんで、絶対に自分の成功に結びつけたいですね。

## 待つことの大切さ——寺川 綾

先に言っておきますけど、私はキャプテンでもなんでもないので、何か周りから言われない限りは特に動きませんでした。キャプテンはあくまでも（松田）丈志、私は一スイマー。そもそも自分のことで手いっぱいで、そこまでやる余裕もありませんでしたしね。それにいくら若いとはいえ、それぞれ自分の考えを持ってしっかりやってきた選手だからこそ、このレベルまで来れたはず。だからあまり子ども扱いする必要はないと思って。ただし向こうから、つまり年下の選手から何か聞きに来たら、できる限り精一杯答えるつもりでした。というのも私も16歳の時に代表入りしたから、不安だし、分からないことだらけなのはよく分かるんです。でも分からないことを自ら「分からない」と言うのも大切だし、100%上から与えられるだけなのもどうなのかと。

実際、今回はすごく自発的なチームで、選手村での部屋割りをはじめ、試合の細かい手順や応援の決め事は全部選手側で決めたし、だからこそまとまった部分もあると思います。

代表の上野監督も、

「今回のチームは、コーチ側が決めたことは時々サボるけど、自分らで決めたことはキチンと守る」

とおっしゃってましたし。そもそも自分から「嫌なことは嫌だ」って言えないチームが、本当にまとまれるわけないじゃないですか。結局、オリンピックの戦いって、ストレスの戦いなんですよ。4月半ばの第一次合宿から始まって、8月頭のロンドン最終日まで約3カ月半。その間中、27人全員ではないけど、ハードなトレーニングをしながら仲間とずっと一緒に過ごすんです。

そこで快適かつ密にまとまるためには、正直になんでも話し合える関係を全員で作り上げるしかない。それは上から下への一方通行だけでは絶対にできないことなんですよ。

でも、一度関係ができたと思ったら、余裕がある時は、こっちからもどんどん行きましたね。だって、あの女子高生たちって本当に高校生なんです、会話が（笑）。部屋じゃ「誰々がカッコいい」だとか、「誰々が好きだ」とか、ひたすらそんなのを繰り返してて、いやー、私もこんなんだったっけな～って。思わず一緒に交じって、「そういう男の子はよくない！」とか「それいいかも～」とか言ってました。

それと大塚美優ちゃん。彼女は、オリンピック競泳の初日に自分の出る個人メドレーがあって、まさに女子のトップバッター。初日に周りからかけられるプレッシャーってハンパじゃないし、しかも彼女18歳になったばかりでしょう？　一緒に過ごした仲間として少しでも何かしてあげたくて、思わず早朝、靴の中に手紙を忍ばせちゃいました。そしたらそのあと、

「ありがとうございます！　綾さんも自分のレースがあったのに、わざわざお手紙を」

ってものすごく感謝してくれて。

分かるんですよ。私も19歳で迎えたアテネの時は、メダルが獲れなかったですし、決勝前に泣いてたってことを自分でも知らなかったくらい。先生に後で言われて、「私、泣いてたんですか？」って気付かされた。それくらい精神的に追い込まれてたんですよね。

オリンピックの重圧は、確かにその本人の頑張りがなくてははねのけられない。でも、周りで多少役に立てることもある。私は最低限できることをしただけ、と思っています。

## ボンバーって呼んでください！――鈴木聡美

私のあだ名、「ボンバー」っていうんですね。小5の時に、たまたまみんなでソフトバレーボールで遊んでて、見よう見真似でオーバーハンドでスパイクを打ったら、やたらそ

れの勢いがすごくて、

「すげぇ、ボンバーショット!!」

みたいな（笑）。

本当にくだらないきっかけで、響きもヘンだし、全然可愛くないから、最初は嫌いだったんですけど、そのまま地元じゃ高校卒業まで使われて、だけど大学で山梨に来た時は、誰も知らないから「こりゃいい機会だ」と思って、しばらく隠してたんです（笑）。

そしたら人間ワガママなもんですよね。７年間ずーっと呼ばれてたのが、急に呼ばれなくなったら寂しくなっちゃって、大学２年のグアム合宿でついに自ら宣言しちゃったんです。

「ボンバーって呼んでください！」と。

そしたら一気に広まっちゃって、今じゃ自分のサイン色紙にも「ボンバー」って書いてるくらい（笑）。

でも、あだ名って結構ラクなんですよね。説明の手間が省けるというか、初対面でもすぐに自分らしいポジショニングが取れるというか。そもそも「ボンバー」って自分で言ってる時点で、おすましキャラじゃないことが分かるじゃないですか。

実際、私は客観的に見ると、イジられキャラです。可愛がられるというか。代表合宿で

も先輩たちは何かっていうと

「ボンバー、こうすればいいんじゃない？」とか、

「ボンバー、お風呂行かない？」

とか言ってくださるし、やっぱり居心地いいんです。

このほか代表で気になるあだ名っていうと、同期ですけど、星奈津美ちゃんの「なちゅりん」とか、それと男子リレーで年下の小堀勇氣君の「こぼちゃん」とか、北海道出身の外舘祥君の「ハコダテ（函館）」なんかもよくないですか？

あだ名だけで伝わってくるものがあるし、特に「なちゅりん」なんて、奈津美ちゃんのほんわかムードが言わなくても分かると思うんですよね。

分かりやすいキャラ立て法だと思うんで、あだ名、オススメですよ。

## 言いたいことはすぐ言っておく——上田春佳

基本、言いたいことはなんでもすぐに言い合わなければダメだと私は思うんですよ。特に集団生活においては。どんなに細かいことでも……というか、実は細かい問題こそちゃんと解決したほうがいいと思っています。例えば「ゴミを捨てた捨てない」とか「物を片

付けた片付けない」みたいな話は、細かいことだから積み重なるまで表面化しにくい。そして表面化する時には相当積み重なってて、解決しにくくなってたりすることもあるわけです。

今回のオリンピックの選手村でも、大塚美優と渡部香生子の高校生コンビでちょっと問題があって、本番直前に表面化したんですけど、おそらくささいなことの積み重ねです。基本ふたりともすごくいい子で、ずっと仲良しだったんで、合宿も含めてほぼ2カ月間ぐらい同じ部屋だったのですが、ちょっとふたりの期間が長すぎたのかもしれません。というのも大塚美優のほうが2歳年上なので、ついお姉さん役になってしまって、香生子がやらなければいけないことを美優がやったり、そういうことが積み重なってしまったようですね。実際は違うのかもしれませんが。

でも、こういうことって実は大事で、特に試合直前は、問題を放置したら最悪、不満をためたまま本番を迎えるようなことにもなりがち。それは精神衛生上非常によくないし、そんなんで負けたら後悔するじゃないですか。

だから私は、どんな問題でも思ったことはためずに、すぐに言うようにしてます。元々の性格かもしれませんが（笑）。

例えば今回最終日に行われた女子のメドレーリレー。3位で日本に12年ぶりに女子リレーの銅メダルをもたらしたわけですけど、あの時に私の前で第3泳者だった加藤ゆかさん。実はタッチが流れた（失敗した）ような気がします。結果的には銅は変わらずでしたが、私は「ここで流すか～」って思って、試合後、ミックスゾーンで黙ったままなのも嫌だったので、そのことを言いました。

というのもその昔、同じような場面で私がフライングしそうなことがあったので、引き継ぎにはすごく気を使っています。

だからあの時も、冷静に振り返るとおそらく私の飛び込みに0・4秒はかかっていて、結果的にはロシアや中国チームに追いつかれずに銅メダルを獲得できましたが、あれで4位に落ちてしまう可能性もあったと思うんです。

でもまあ、その後（寺川）綾さんが、「最後まで眉間にシワ寄せて必死な顔で泳ぐゆかを見たらしょうがないと思った」って言ってて、その気持ちもわかりますけど（笑）。

## おバカ男のコミュニケーション術 ――藤井拓郎

「ラーメン部」を作るきっかけはね、ホント、たいしたことないんですよ。話、多少、遠回りするかもしれないですけど、まず4月に日本選手権が終わって、僕は自由形で個人の派遣記録を切れなかったんで、リレーチームに入って、グループで練習してたんですね。東京・北区にある国立スポーツ科学センター、通称ＪＩＳＳに通ってて、ここはもちろんご飯が出てくるんですが、正直、そこの食事も飽きたなと。もちろん栄養的なバランスは取れてるけど、あんまり面白くないんですよ。

そこで僕は自他ともに認めるラーメンバカなので、ある日の帰りにメンバーに、

「ちょいと行ってみますか」

と。そしたら高桑さんとか小堀とか外舘とか石橋が二つ返事で、

「イイっすね～」

というかむしろ、

「そういうの待ってました！」

みたいなね。

そして行ったのが赤羽の「ラーメン二郎」。ご存じの人はご存じだと思いますが、ここはうまいとかまずいとかいう以前に、いわゆる普通のラーメンじゃないんですよ。とにかく並盛りでも量がハンパじゃなく、いってみればこれは〝戦い〟なんですわ。いわゆるひとつの男気を見せるための戦い（笑）。

だから、

「俺、ちょっと大盛りいっとくわ〜」とか、

「チャーシュー増し増しや」とか、

「野菜増しや」とか、

「お前たち、絶対負けんなよ」みたいな。

なんというか、リレーチームで食の登山に行くようなもんですかね。

でもこれが妙に面白くて、誰かがちょっとでも残したりすると、

「うーん、小堀。今日は負けたな」

「はい……」

とか、油抜きなんて軟弱なことをするヤツには、

「お前は今日からレギュラー落ちや‼」

なんてしょーもないこと言い合ってたんです。

さらに、リレーチームには面白い選手がいて、だいたい「ラーメン部」は活動が夜で、一日の練習が終わってからみんなで繰り出すんですけど、ちなみに水泳業界用語で、調整することを「テーパー」って言うんですが、なんとそいつ、お昼ご飯にテーパーかけよるんですよ。それも夜のラーメンに向けて、本当にご飯とヨーグルトだけみたいな。

「お前、何OLみたいなことしてんねん、第一、練習もたんやろ。本末転倒や！」

「いや、そんな……」

「だいたいお前、そんなに食べるタイプじゃないじゃん。お前に二郎は絶対無理、絶対食えないから！」

とか言われて、みんなにイジられてたんですね。でもそいつはビッグマウス的存在なんで、

「いや、実は僕、結構すごいんですよ。本気出せば食えるんですよ」

とか食い下がって。で、実際に行ってみたらものすごいスピードでぺろりと食い終わったんですよ。

「何お前、マジすごいじゃん。今までなんだったの？」

「やればできるやん。俺の中で株上がったわ〜」とか、

「やればできる子なんやな〜」とか。

非常にくだらないですけどね。でも、男ってこういう部分で意味なくまとまれるんですよ。というか、ラーメン二郎は食事というより、ひとつのイベントですから。ま、男同士でディズニーランドに行くようなものですよ（笑）。

だから、これはこのまま突っ走ることにして、二郎リスペクト店の「ラーメン富士丸」に行ったり、時には「しゃぶしゃぶ温野菜」って店にリレーチーム5人で行って、マジで

100人前食べようとしましたね。正確には九十何人前でもう数が分からなくなりましたが。その時も、「いらっしゃいませ〜」って言われたとたん、半分冗談で、

「申し訳ないけど、この店、潰れますよ!!」とか、

「明日から仕入れがどうなっても知りまへんで〜」とかつぶやいて。

しかし、ホントにこんなんでいいんですか？　トビウオ本がこんな内容で（笑）。

でもね、実際、こういうことからコミュニケーション、特に男同士の関係は深まったりするから面白いんですよ。ほんの些細な店員への対応や、お腹いっぱいになった時の態度で性格が分かったり。一番の収穫はやっぱり、石橋千彰のスーパーストマックかな。

こいつ、身体はそんなに大きくないけど、今まで見たヤツの中で一番！　っていうくらいに食うんですよ。しかも食事中は非常にイジりやすくてね。元々口数の少ないヤツなんですけど、だいぶこれでほぐれましたわ。

## ドMは笑いのブラックホールだ！――藤井拓郎

とあるチームをなんとかまとめようと思ったら、いろいろ方法はあると思いますが、一番オイシイのは間違いなくこれ、〝ドM〟キャラをイジることですよ。

それも〝年上のドM〟。これはマジで使えます。本当にオススメです。今回のトビウオジャパンでいうと、それは渡邉一樹君。

顔はかなりイケメンでジャニーズ系の優男なんですけど、僕には彼のだいたいのパターンが分かっていて、彼は基本、どんな突っ込みにも優しく揺れ動いてくれるんです。

僕は先輩なんで当然、彼を自由にイジれますが、かたや後輩には上下関係があるんで「イジりたい！」って思っててもなかなかイジれない。でもこれに「ラーメン二郎」みたいなチャレンジ系の爆食要素が加わると、一気に場の空気が緩んでやりやすくなって、お調子者の後輩小堀みたいなのから自然と次の言葉が出てくるんです。

「いや、一樹さんもうちょっと食べてくださいよ～」

とか、

「チャーシューもいっときましょう！」

とか、

「もう腹一杯！　僕のタマゴもあげますね」

とかね。そして自然にSとMの会話に移行できるんです。で、僕は彼の天性のMっぷりにかけて「そこは、ちと我慢して」っていう感じでイジられ役を演じてもらってるんですが、彼も、

「まんざらでもないですよ、なんならもっとイジってくださいー」

みたいな感じでいい関係が作れて、サッカーでいうと僕はパサー、ヤツはストライカーで、言ってみればトビウオジャパンで遠藤保仁と香川真司みたいなコンビが組めたんです。実際、彼はトビウオになる1年前から光り輝いてました。だってもう、

「イジってください!!」

っていうオーラがビンビンなんですから(笑)。僕は彼を初めて見つけた時に、

「あ、こんなところにダイヤモンドの原石、いや〝お笑いブラックホール〟がいたのか!」

と思ったくらい。

この方法はいうなれば、ある種の大阪カルチャーであり、大阪ノリのコミュニケーション力です。僕の育った大阪はご存じの通り、お笑いの町ですが、誰でもお笑いの才能があると思ったら大間違い。キャラ判定にうるさく、お笑いの才能にも厳しい。しかし、一樹君は一流です。彼とは学生時代からの知り合いで、ここまで深く知ったのは2011年からですけど、本当に素晴らしい天性の持ち主。

どんなに厳しい突っ込みでも嬉しそうにイジられるメンタル! 妙なプライドなど完全に捨て去ったタフネスマインド! 実際、こういう年齢差のあるグループって、上から下へはすぐにコミュニケーションを取れるようになるんですが、下から上が結構難しく、チ

ームが真の一体感を築くにはこの辺が勝負になります。でも一樹がいたら完璧。彼にトビウオジャパンは救われましたね（笑）。

僕の中では、松田丈志さんや寺川綾さんにも負けず劣らずのいわゆるキープレーヤーでしたね。お笑い芸人に例えればカンニング竹山みたいな。彼をイジればいろんな笑いが次々と巻き起こるんですから。

実際、この〝年上のドM〟突っ込ませは本当に使えますよ。グループのまとめに困っている人は、この手の人材を見つけたら試してみるといいと思います。ただし、突っ込ませすぎには要注意です。やりすぎると上下関係が崩壊し、その人の先輩としての立場がなくなってしまいますから。この辺のリスクもまた大阪カルチャーならではですが（苦笑）。

## 無駄なプライドはできる限り捨てろ――渡邉一樹

なんだか、拓郎さんが思いっ切り僕のことをネタにしているようですが、僕、そういうの全く気にしないんです。基本的に何かにつけ受け身なタイプなので。

今回のオリンピック合宿中は、高桑さんと拓郎さんに特に仲良くさせていただきましたが、ふたりにはとにかくいいようにイジられまして（笑）。僕が言うことすべてにいちいち細かく突っ込んでくるし、特に拓郎さんは高校生ぐらいからの知り合いだったから容赦なく。こんなに突っ込まれたことって、人生で初めてかもしれません。

水泳って、やっぱり練習がすごく厳しいから、それ以外が楽しくないとやっていけないし、練習も頑張れないんですね。けど、今回はそういうところですごくリラックスできて、僕にとってはよかったし、結果にもつながったと思います。

ただ、国内練習中は僕もずっとふたりとラーメンを食べてたから太っちゃって太っちゃって、背脂がついちゃいました（笑）。拓郎さんは本当にラーメン好きで、自宅の近所にすごくおいしいラーメン屋があって、「2週間毎日通った」って言ってたくらい。

でも、オンオフの差が激しいところというか、遊ぶ時に遊んで、勝負する時に思い切り勝負するっていうやり方は僕は嫌いじゃないです。時にはレース前に「泳ぎたくない」って思う時もありますけど、それを乗り越えて結果を出せた時はすごい嬉しいですし、そういうヒリヒリした感じをまた味わいたくて水泳をやってるっていうのもありますから。

というか僕、ファッションとかグルメとかそっちのほうは本当にまるで興味がないんで。だったら高桑さんや拓郎さんたちとラーメン食べたり、ゲームやったり、麻雀やってるほうがよっぽど楽しいんです。

だからある意味、拓郎さんは僕の師匠というか、悪い先生ですね。でも僕はどこまででもっていくつもりですよ。「ついてこい！」と言われればですが（笑）。

## 派閥は作るな！――伊藤華英

3人寄れば派閥ができる……と言われるように、人が集まれば作ろうとしなくてもできちゃうのが派閥です。トビウオたちも基本、各スイミングクラブの選手たちの集合体なので、放っておくとクラブごとにまとまりがち。

しかし、今回のトビウオでは基本、派閥はできませんでしたね。確かに……なんでだろう。不思議です（笑）。

大の大人ならともかく、若い女子はとかくそういうことをしがちです。最初はの頃は女子高生ふたり、例えば渡部香生子と大塚美優が、前からの知り合いだけあってすぐ仲良くなってずっと一緒にいたけど、最終合宿のテネリフェでの食事なんかは、もう、その日の朝にテーブルに来た順。もちろん同じ部屋同士はたいてい一緒でしたけど、それ以外は流れるように配置が換わってましたね。

キング北島を除くと最年長の松田丈志と高校生の萩野公介が、当たり前のように一緒のテーブルで食べてたこともあったし、私もリレーチームの高野綾や内田美希はもちろん、個人種目の大塚美優や渡部香生子とも、一緒に食べてました。

っていうか私、完全にあの中ではイジられキャラでしたから。ビシバシ年下に突っ込まれてました（笑）。

渡部香生子と内田美希には、

「華英さん、笑いのツボが浅すぎます！　笑いすぎです！」

ってよく怒られたし、高野綾にしても、

「あ、華英さん来ちゃった！　弥生さん、ジュース置かないと。吹いちゃうから（笑）」

とか言われて「アタシは笑い袋か！」って感じですけど、やっぱりあの子たちにとってはそういう状況は楽しかったみたいです。それはこちらがいつでもウエルカム状態で待っていたのもそうですけど、そもそも初のオリンピック代表合宿ですからね。

独特の興奮と非日常性があるんですよ。そこでは誰もが新しいことを恐れてないし、「上の人たちから吸収できるものはなんでも吸収してやれ！」って感じだったんじゃないですか、笑いも含めて。

逆にベテラン世代が気を使ったのは、上だけでまとまらないことですね。松田丈志は、

「康介さんと必要以上に話さないようにしてた」

って言うし、私もあえて寺川綾とは、しつこく話さないようにしてました。

だから派閥を作らないというより、むしろ派閥を作るヒマがない、ってのが正解だったのかもしれません。オリンピックでは、とにかく自分の成績を出すことに精一杯なわけで、そもそも派閥ってヒマで余裕のある集団が作るものじゃないですか。

もちろん一緒にいて楽な人といたいって部分もあるとは思うんですけど、若い子たちからしてみたら、私とか藤井拓郎とか、妙にヘンで面白い先輩がいたんで、せっかくだから楽しませてもらおうかって感じだったのかもしれません（笑）。

## トビウオ式、新体育会系理論――藤井拓郎

僕が今回のトビウオジャパンに求めていたのは、ある程度の上下関係は保ちつつも、若い世代がそれなりに楽しんで自由に活躍できるという「新しい空気」です。もしくは「新世代の体育会系」というか。

というのも僕も一応日本の体育会系を経験してますので、その独特の窮屈さというか、理不尽さは分かってるつもりです。

例えばひとつのレーンで何人かがまとめて泳ぐ時、「どんなに速くても年下がとにかく前で、年上がとにかく後ろ」

ってどっかヘンでしょ？　それでよかれっていうチームもあるとは思うんですが、僕的には練習に関しては能力重視というか、速いヤツが本来泳ぎたい順番で泳げばいいじゃないかって考えがあります。

実際、僕らがチームなりスイミングクラブなりで目標とするのは「規律」ではなく、メンバー全員が「いい記録」「いい順位」を出すこと。オリンピックチームであれば、「よりよい色のメダル」であり「入賞」。どう考えてもそこがメインなんで、絶対はずしちゃいけない。だから一番速い選手が、一番いい練習ができないなんて明らかにおかしいんです。「リラックス」が必要な選手にはそういう環境を作る、「集中」が必要な選手にはその環境を作る、ってのがチームにとって最も重要なわけで、年下だからってずっとビクビクしているとか、隅っこで着替えなきゃいけない筋合いなんてないんです。

もちろん下の子には下の子なりのやるべき仕事があって、練習の準備とかスタンドの席取りなんかは、1年生が率先してやって、足りなければ4年生が手伝うのが理想だと思うんですけど、水泳部なんで水泳に関してはとにかく公平が基本。

ちなみに今回のトビウオジャパンに関していうと、僕が副キャプテンを任命されたのは2010年のアジア大会から。キャプテンは今と同じ松田丈志さん。この時点で実は、ある種の上下関係というか規律はOKだと思っていて、というのも松田さんは実績十分で、練習はひたむき、ついでに本気で怒ると怖そう(笑)という理想的な背中で引っ張るタイプ。

一方、僕は逆に和ませるのが得意で、たまにはビシッと締まるのも重要だけど、あんまりピリピリしすぎると疲れるし、なんとか楽しいムードを作りたいと思ってました。

特に若い選手が上下関係とかを意識しすぎると、僕の経験上、自分の思った通りにできなくなるし、やっぱり「リラックス」とか「笑い」は、いいチームや伸び盛りの新人の活躍には不可欠。そこは新しい風を吹かせたいと思ってました。だから、そこで重要なのは繰り返しになりますけど、得難い一樹君の〝ドM〟キャラなんですよ(笑)。

同じくロンドンで活躍した女子サッカーのなでしこなんかもいい具合だったじゃないですか。ほどよい上下関係を保ちつつ、後輩が先輩に突っ込むくらいの余裕が見て取れた。それができないなんて窮屈な証拠。とにかく下から上からイジってイジってイジりまくれですよ、ある程度の礼節は守りつつ!(笑)。

## 感情のこもった会議はどんどんやれ! ―― 松田丈志

今回のロンドン五輪に向けた合宿の特徴といえば、「コミュニケーションの濃さ」に尽きるかもしれません。とにかく僕らは、ほぼ毎日のようにミーティングを繰り返してましたから。今時、長い会議なんてどこの会社でも感心されないかもしれないけど、これは日本代表チームがシドニー大会あたりから作り上げてきたノウハウであり、監督さんやスタッフの知恵でもあるんです。それに僕個人のアテネの教訓からしてみると、いくらしゃべってもしゃべり足りない気がしてたので。

特に僕は、

「アテネでした自分の失敗を、みんなに繰り返してほしくない」

という一心でした。具体的には、

「ひとりでオリンピックを戦ってしまった」

ことへの反省、さらには、

「オリンピックを心から楽しめなかった」

ことへの反省。とにかく僕らオリンピック体験者から未経験者へ、伝えられることはなんでも伝えようと思ってました。

そして、ロンドン入りまであと1週間、7月11日から約1週間のスペイン領のテネリフェで最終合宿が始まり、ここからはもはやある意味、戦闘モードという感じ。

具体的にはすべて上野監督に作っていただいた流れなんですけど、食事が終わった20時ぐらいからコーチを中心に全体ミーティングが始まり、そのあとに僕らのみで行う選手ミーティング、加えて時折、男女に分かれて男子ミーティング、女子ミーティングまで行いました。それもほぼ毎日のように。

全体ミーティングはいわばロンドン五輪のシミュレーションです。既にスタッフがロンドンに行って選手村入りし、いろんなデジタル画像を撮って送ってきてくれていたので、それを見て基本的なオリンピック村での僕らの動きや動線を、しっかりと確認しました。

オリンピック宿舎の位置の確認や外観チェック、食堂やメニューのチェック、さらに肝心のオリンピックプールへの行き方。プール内の招集所やスタンドの確認をしたわけです。そうやって事前にオリンピックの情報をインプットしておくことはすごく大事で、これらを準備してくれたスタッフには感謝してもしきれません。その後は選手ミーティング。

ここでのミーティングの目的は、あえて言うと「目標意識の共有」と「オリンピック体験の共有」。特に後者は、僕の考えで質問形式をとりました。なぜならば経験者が言いたいことと、未経験者が聞きたいことは、微妙に違うかもしれないと思ったからです。これまた妙な押しつけになってももったいないし。

「目標意識の共有」は分かりやすい。27名がひとりひとり順番に、26名の前に立ち、ロンドン五輪での目標を宣言していくんです。僕はもちろん200mバタフライの金メダル、寺川綾や星奈津美などのメダル候補も確かメダルの色は言わなかったけど、それ自体の獲得を宣言したと思う。そして気になる大型新人の萩野公介などは確か「頑張ります」のひと言程度だった気がする。なにしろ「それだけかよ……」（笑）みたいな感想を抱いた気がするから。細かくは忘れてしまったけど……。

そして「オリンピック体験の共有」。オリンピック未経験者は、10代を中心に17名いて、逆にオリンピック体験者は僕や寺川綾や入江陵介などを中心に10名。質問は指名制をとり、希望の先輩に対して、くだらないことから重要なことまで多岐にわたって行われました。例えば誰かが言った、

「オリンピックに対する心構えは？」

に関しては、確か陵介がアイツらしく、

「平常心」

と答えた気がするし、寺川綾には、

「五輪は今までで一番緊張しましたか？」

という質問が飛び、彼女は、

「アテネでは頭が真っ白になって憶えてない。決勝前に泣いたことすら、後でコーチに言われてびっくりした」

と正直に答えていたように思います。そのほか逆にすごいと思ったのは藤井拓郎に対す

る若い選手からの、

「緊張しないか?」

の質問に、彼が、

「緊張しない……いつも通り」

と平然と答えたこと。僕自身、「そうだったのか、拓郎……」と思いました。さらに一番笑ったのはボンバーこと鈴木聡美の質問。なんと、

「私は日本選手権のように自分のペースで行こうと決めてますので、質問はありません。スイマセン……」

と。実にマイペースなボンバーらしい質問でした。

そして僕は僕で、例の如く、

「オリンピックはひとりでは戦えない」

の話をしたんだけど、やっぱりこれは話せてよかったです。というのもなんでもそうですけど、人は人に語ることで、期せずして自分への確認になっているからです。会議というと、非常に事務的かつ押しつけがましいイメージを持つかもしれませんが、質問には、それ自体に新人たちの気持ちがそれなりに表れているので、非常に面白かった。

図太い者、不安な者、マイペースな者、お調子者……。そうそう、立石は僕に対し、

「メダルを獲った時に、言うことは先に決めてるんですか」

といきなり変化球を投げてきたので、

「決まってるけど……オマエには言えない」

と言ったことを憶えてます。

打ち合わせというより、決起集会みたいな感じですけど、そういう要素を入れるとミーティングも楽しくなる。

これは僕の今回の実感ですね。

女子高生コンビ大塚美優と渡部香生子を合宿中のビーチで激写。チームメイトであり、ライバルであり、友達でもある。大の仲良し

選手村の食堂にて。
タイミングが合えば
食事はできるだけ一
緒に。水泳のことも
プライベートのこと
も、なんでもざっく
ばらんに

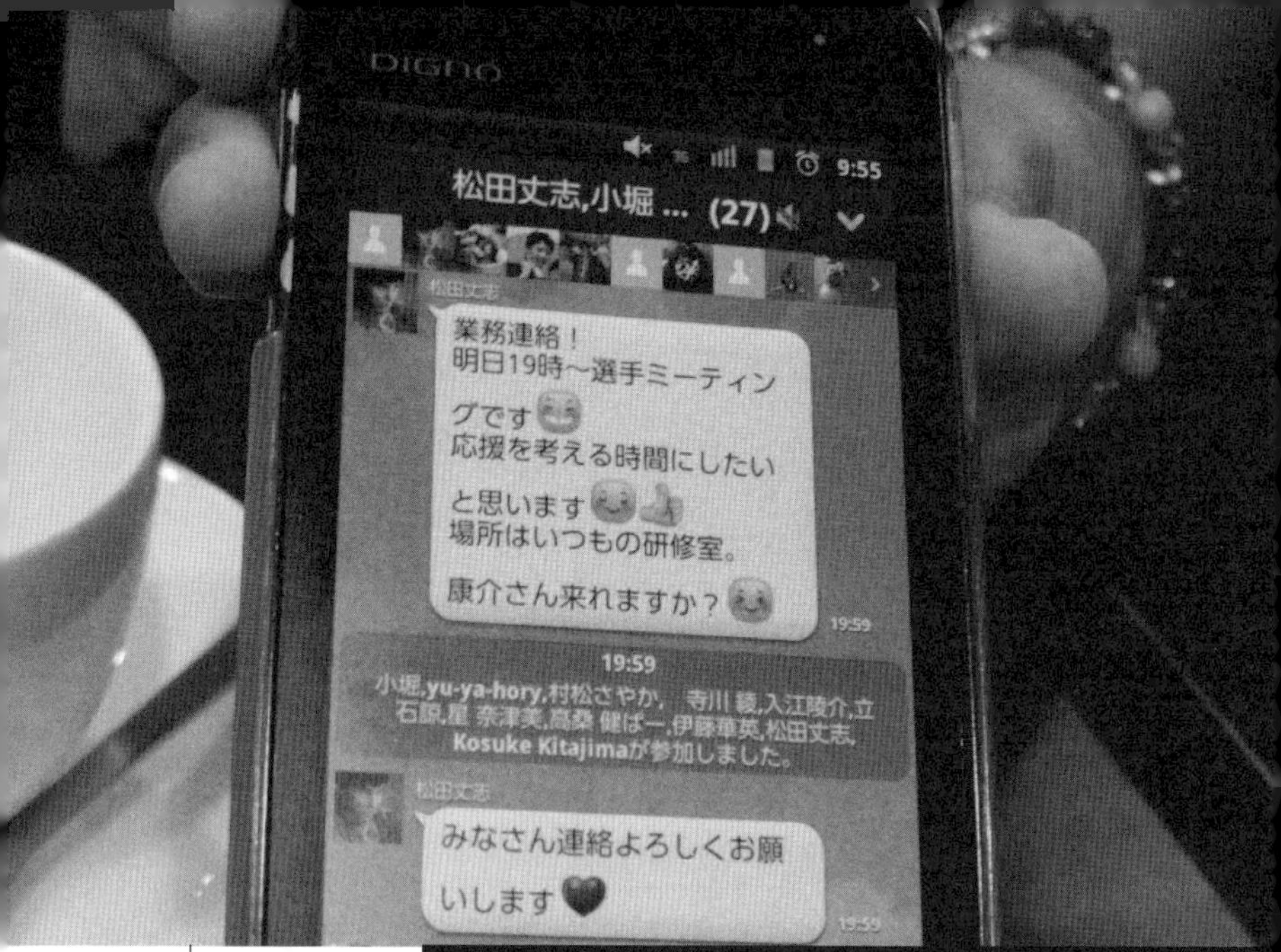


27人の「LINE」。松田キャプテン、絵文字が意外とお茶目です

chapter 03

Japanese Olympic Swimming Team 27

# 情報と感情を共有する

## 新人研修をナメちゃいけない――伊藤華英

4月の日本選手権を終えて、すぐにJISSにトビウオジャパン27人を集めて行われた第一次合宿。おそらく一般の方は「とにかく泳ぐんでしょ!」と思ってるかもしれませんが、まず行われたのは「アイスブレーキング」。あるいは「アイスブレーク」とも言いますね。

実はこれ、私自身も初体験だったんですけど、いわゆる一般企業が新入社員研修などに使うプログラムで、詳しく言えば初対面同士の抵抗感をなくすためのグループワーク。

「へぇ〜、スイマーにこんなことやらせて、いったいどうするの?」

と最初は思いましたけど、意味的にはまさに文字通り初対面の人々の心の壁を「氷を溶かす」ようになくさせようという目的。要するに簡単なゲームですよね。

しかもそれを15歳の初代表選手、渡部香生子からあのキング北島康介までごちゃ混ぜにやらせちゃってるからなんとも面白い。そして最初は、

「何、これ?」

と怪訝そうにしていたトビウオたちも、やり始めると結構ハマっちゃったりするんですす(笑)。やはり世間で長く続けられていることには意味がありますね。

まず第1ラウンドはパスタ、つまり乾燥スパゲッティ何本かとマシュマロ、さらにセロハンテープを使って、ひと組4~5人のチームに分かれ、「どのグループが一番高い位置にマシュマロを置けるか」、つまり「マシュマロを頂点とする構造体を作れるか」にトライ。

これがなかなかどうして難しいんです。最初は簡単に思えるものの、普通にピラミッド風フォルムにするのも難しいし、そのうち頂点のマシュマロの硬さがもたなくてピラミッド形をたもてなかったり、いろんな問題が出てくる。

この手のプログラムがいいのは、特別な知識とか経験とかほとんど関係ないから「子ども」から「大人」までみんな平等に声が出ること。まずは相手に話しかけるきっかけ作りになるようです。それこそが上野監督をはじめとするトビウオジャパン首脳陣の狙いで、要するにこの合宿の最大の目的は「チーム愛作り」で、本当のことを言うとさらにその前提となる「コミュニケーションのきっかけ作り」。

つまり、下は15歳の香生子から上は29歳の康介さんまで円滑に会話できるようにさせるのがポイントで、参加者に聞いてみると「意外に面白かった」とか「話しかけるきっかけになった」っていうからバカにできない。最初は侮ってた私、伊藤華英も大反省です。

実際、このプログラムをトビウオジャパンとしては初めて取り入れてみたらしく、それだけ今回はコミュニケーションを選手同士でどうとってもらうかを考えたようです。

さらに次に行われたアイスブレーキング第2弾は、絵を使った遊び。まるで紙芝居みたいな一連の物語を描いた絵があり、それを人に見せず、自分の言葉による説明だけで順序づけ、ちゃんとしたストーリーを作るというゲーム。これまた結構、チーム内でマジメに会話し、順序立てて説明しなくてはならなくなるので、コミュニケーションのきっかけになります。

そして最後に行われたのは、応援コンテスト。これはアイスブレーキングでできた7チームをくっつけて全部で4チーム作り、それぞれがロンドンの本番で使える応援を考え、コンペするというもの。これはアイスブレーキングではないけど、別の意味で難しく、最終的にはハコダテ君こと外舘擁するチームの歌が選ばれました。確かハコダテ君の愛するXジャパンの替え歌で「ホントにこれ、本番で使えるかな?」ってできでしたが、ま、よしとしましょう!

ちなみに第一次合宿はほぼこんな調子で、まさしく新人研修感覚。プールを使った練習も、逆さ泳ぎリレーなどという遊び感覚に富んだものをやり、楽しかったですね!

## 小食和也の「ラーメン二郎」奮闘記——金田和也

ほかの人も語ってると思いますが、今回のトビウオジャパンには「ラーメン部」と「ゲーム部」とでも言うべきものがあって、これが楽しくて。実際はラーメン部というより「チャレンジ！　ラーメン二郎部」といった感じなんですが（笑）。

部長はご存じ、日本競泳界きってのラーメン博士、藤井拓郎さんで最初は第一次合宿が行われたＪＩＳＳのプールから近い赤羽で行われ、どんどん〝部員〟は増えていきました。核となるメンバーは拓郎さん、高桑さん、それから大食漢の石橋千彰君ほか外舘君などリレーメンバー中心なんですが、ある日ついに誘われたんで喜んでご一緒したんですけど、実は僕すごい小食なんですね。だから朝食を抜いて行ったんですが、それでもみんなが10分ぐらいで食べるところを25分もかかってしまって。

正直、かなりキツかったんですが、なにしろ拓郎先輩のおごりなので全部食べなければ！　と帰り道お腹がグリグリになるまで食べたんです。そしたら朝方の4時ぐらいまで、お腹にずっと麺が残ってるのか、横になると喉まで逆流。結局、ほとんど寝られず、さらに夜中は下痢で10回ぐらいトイレに行くことになり、それでも次の日、体重計に乗ったら体重なんと2kg増！　ラーメン二郎恐るべしです。でも、また誘われたら行きます（笑）。

それからもうひとつは人気ゲームの「モンハン」こと「モンスターハンター」。これまたリレー陣のお気に入りで、特に高桑先輩のお気に入りなんですが、既にフリー合宿とかでみんなで楽しんでおり、僕もその仲間に加わるべく海外合宿にゲーム機を持って行ったら、なんとソフトを家族が勝手に入れ替えてたようで、中身はポケモンのゲームに！

「あれ？　なぜかポケモンが入ってます。高桑先輩スイマセン、同じ部屋なのにできません！」

って言ったら、

「何しにこの合宿に来たんだ、このやろう」

って言われて、僕も、

「スイマセン、モンハンしにきたのに普通の水泳合宿になってしまいました！(笑)」

とか言ってふざけて返してましたが、やっぱり今回のメンバーはみんな、オンとオフの切り替えがうまいんですよね。水泳やる時はこれでもかっていうくらいに集中するんですが、終わったらハイ終わり〜みたいな。水泳なんかまるでなかったような……。いったい何しに来たんだ〜今回はモンハン合宿か〜みたいな感じで遊びまくりました。このあたりの切り替えのすごさは本当にみんなさすがだったです。

## 情報の共有以上に感情の共有をせよ！――藤井拓郎

個人的な思いつきなんですけど、これはひょっとして、我らがラーメン二郎に負けないくらいのコミュニケーションツールとして使えるんじゃないかと思ったのがＳＮＳ、つまりソーシャル・ネットワーキング・サービスですわ。

ご存じFacebookは独裁国家のリビアを崩壊させるほど恐ろしいパワーを秘めたサービスなんですけど、この手はマジで使えると思いましたね。ある意味、「21世紀のトビウオたち」の結束力を支える生命線になり得ると。もっと勉強せにゃアカンと。

というのも、今の水泳選手ってハンパなく海外遠征が多いんですよ。特にオリンピック前は集中的に、イタリアにアメリカにカナダにスペイン領カナリア諸島にイギリスと5カ国も行った。町で言うとローマにサンタクララにバンクーバーにフラッグスタッフにバジルドンにテネリフェと6カ所ぐらい。そうすると一時的にせよチームはバラバラになってしまうわけで、これだとどうしてもトビウオ27人のパワーの源である結束力や一体感が薄れる。そこで僕が導入したんじゃないですけど、今回すごい使える武器だと思ったのがLINE。

２０１２年5月の第二次合宿あたりから使い始めたもので、いわゆるコレのまず最大のポイントは、当然のことながらインターネット経由なんで世界中のどこへ行っても使えるし、基本27人限定でしか使わないので安心できるし、もっと言っちゃうとタダ！　なんという安心感、なんという利便性！　なんという経済性！

っていうか、実情を言っちゃうと、たまたま一番年上の北島康介さんがこのIDを持ってただけでなく、一番下の渡部香生子ちゃんとかミキティとかも当たり前のように持ってるんで、使い始めるのが楽だったんですわ（笑）。

もちろん分かりませんよ？　最近その情報管理体制の危うさが指摘されてますし、このソフトを作っている韓国のスイムチームに万が一情報が漏れてるなんてことも……。でもまあ、ぶっちゃけ考えてみると、スケジュール以外に重要な情報はほとんど載っておりません。あとはほとんどどざれ言レベルです（笑）。

ちなみに当時アメリカ在住で時差のあるキング北島さんのみ、夜中に頻繁に鳴り続ける着信音にほとほと嫌気がさし、始めて3日目ぐらいの時点で「See you at LONDON」とのログを残し、脱会されております。残念。

とはいえ、これの効用ってものすごいものがありますよ。ちなみに最初に使ったのはキャプテンの松田丈志さんの「業務連絡」で、「応援を考える時間」の集合を告知し、連絡網として使ってすごく便利だったんですが、私、拓郎が考える最大の利点は別にあります。それはいわば「情報の共有」でなく「感情の共有」。つまりSNSは使い方によっては、飛躍的にチーム力やチーム愛をアップさせられるというのが、その本質なわけですよ。

それは例えば「朝起きた」「元気〜」でもいいし、「腹減った」「食べよう〜」でもいいし、「眠い〜」「頑張れ〜」でもいいし、なんでもいい。こういうやり取りはグルーミングコミュニケーションといって、いわば親猿が子猿の毛繕いをするようなもの。実にたわいのないコミュニケーションです。

でも、これって非常に有効で、お互いの愛情を高め、連帯感を確認し合えるんですよね。考えてもみてください、お母さんが赤ちゃんにやってることってそういうコミュニケーションでしょ。こういうのって意外に重要で、大人もこの手の初歩的なやり取りってのが、人間関係を支えるキモになるわけですよ。

それとSkype。これは例えばリレーチームと個人種目チームでアメリカのサンタクララとイタリアのローマ、さらにアメリカのフラッグスタッフとイギリスのバジルドンなど、海外合宿地が分かれた時に頻繁に使ってました。これまたたいして重要な連絡はなかったですが、「おはよう」「グッドモーニング!」、「今日の試合は?」「10時から」とか、「誰勝った?」「華英さん!」とかそういうものでいいんです。なんてことない連絡ですが、この毎日のやり取りがあるとないとでは、信頼感であったりチーム愛が、まるで変わってくる。

そして僕はここからさらに高度というか、ギリギリのギャグをLINEから送ったつもりなのですが、全然受けませんでしたね。題してそれは「藤井拓郎のラーメンオタク講座」。具体的にはラーメン二郎がアスリートにとっていかに有効な炭水化物源であり、トッピングによってはタンパク源であり、ビタミン源にもなるということを切々と、なおかつ繰り返し繰り返し発信したわけですが、見事完全無視！　残念であります。

本当はこれに端を発し、なちゅりんの愛する「LOVE♥嵐コラム」でも萩野の「AKB通信」でもなんでもいいからLINEを使って盛り上がってほしかったんですが、そこまでは到達できませんでしたね。ここは唯一の心残りです！

あ、そうそうロンドン五輪が終わり、もはや年が変わったというのに、我がトビウオLINEは今も活躍中で2012年のチームが、いかに素晴らしきチームであったかをいまだに証明し続けております。以上!!

## 10代の子たちとはお年寄りのように付き合え!!——松本弥生

うーん、つい4年ぐらい前は私もあんなだったはずですが……やっぱり、違うんですよね10代の子って（笑）。前のところでも話しましたけど、私はリレーの選手なので、合宿じゃ内田美希とか高野綾とかと一緒にいることが多かったんですが、彼女たちはどうにも代表に対する意識とか、覚悟が甘いんですよ。ふたりとも初代表だったし、本大会への気持ちはどうしても私たちからすると軽く感じられて、「少し浮かれてるんじゃない？」みたいなところがありました。これは私も最初はそうだったし、しょうがないですけどね（笑）。

でも、そういう気持ちの部分をはじめ、練習内容とか生活態度とかいろんな部分で、華英さんと私といろいろ怒ったりして、言いたいことを言ったら、あの子たちも意外とちゃんと素直に受け止めてくれて、だんだん打ち解けていったんです。

初めはなんというんだろう、年上と年下で2対2に分かれて過ごすことが多かったんですが、合宿を積んでいくうちに、だんだん4人で過ごすようになってきて。しかも面白いのは、彼女たちは彼女たちで、高野と内田はそれぞれ仲もいいけど気も強いので、時折ふたりでぶつかり合うこともあるんです。そしたら逆に、

「どうしよう」

って自分たちが相談されることがあって、そうなった時に、

「じゃ、みんなで集まろっか？」

となって、練習の終わりにみんなでじっくりストレッチしようってことになったんです。

若いふたりに比べると私と華英さんは、特に華英さんですけど（笑）、結構身体にガタが

来てるし、元々アフターケアを入念にやってたんですね。翌日に疲れを残さないためにも。そしたらやはり初のオリンピック合宿で練習が慣れないのかキツいのか、内田美希とかも「足首が痛い」とか言い出してたから、ちょうどいいタイミングだったんです。

こうやって、どちらかが上になって身体を押したり、お互いに肩甲骨をストレッチしたりするうちに、それが日課みたいになってきて、適当におしゃべりもできるし、ちょうどいいんですよね。それからは結構、オフの日にみんなで出かけるようになって高野とかも、

「合宿のオフはとてつもなく楽しかった」

なんて言い始めて。

こういうの、なんていうんですか、ある意味、グルーミングですか？　それぞれが相手の身体を思い合ってケアし合うのっていいですよね。昔は、おばあさんの肩を孫が揉むみたいなシーンがよくありましたけど、人間の基本なのかもしれないですね。

## 壁を作らず技術を伝え合う――金田和也

今の日本代表のすごさのひとつに、非常にオープンな「技術の教え合い」があります。

「それは俺の技術だ！」みたいな狭い心がなくて、同じ種目のある意味ライバルとも言え

る選手にも、

「そこは俺、こうしてるから」

って簡単に教えてくれたりする。

今回もロンドンの直前合宿中に、僕は同じ種目の松田丈志さんに、

「ドルフィンキック、いったいどういう練習してますか？」

って聞いたら、

「こうしてるよ」

ってすごく丁寧に教えてくれたうえ、

「これをライアン・ロクテは6回を本気で打って上がってきてるから、俺もやってる」

と言って、実際のやり方まで教えてくれるんです。だから僕は、体力の違いも考えて10回に増やしてやっています。本当にありがたい話だと思います。

もちろんその裏には、これを教えただけでは簡単に抜かれないという強烈なトップ選手の自負もあるんですけど、もっと奥底にはさらに日本の競泳界全体を盛り上げたい！って気持ちがやっぱりあるんですよね。

それとこのレベルになると、自分の泳ぎの解説っていうのが絶対にできるんです。それは「水泳は考えるスポーツ」であることにも関係してて、やっぱり水泳はひとりだけじゃ

できないから、自分のコーチに「これはこうだ」とか正しくイメージを伝える必要があるし、要するに水泳の速さに「なんとなく速い」ってのはあまりないんですよ。もちろん完璧に理論化はできてないかもしれないけど、少なくとも自分の感覚では「これがこうだから速い」とか「遅い」という明確な基準があって、それをトップ選手は自分の言葉で解説できる。

実際、ここ何年かは水泳連盟として、バタフライならバタフライの関係者が集まり、トップ選手が、

「自分はこう思ってます」

と自ら泳ぎを説明し合うセミナーなどをやってます。

こういうことって海外のチームがどこまでやっているのかわかりませんが、結構日本は進んでいるほうなんじゃないでしょうか。

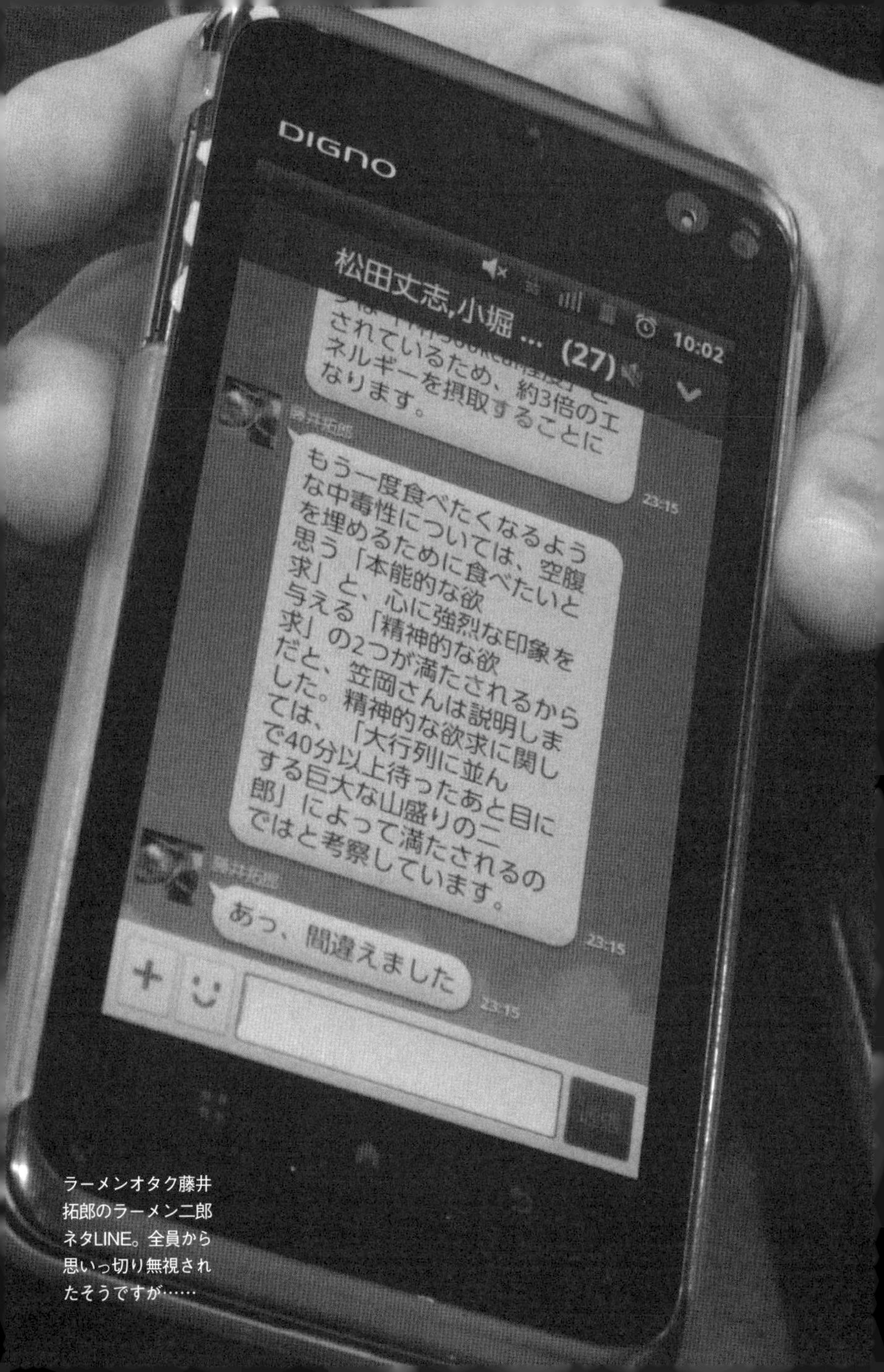
DIGNO
松田文志,小堀 ... (27)
10:02
されているため、約3倍のエ
ネルギーを摂取することに
なります。
23:15
もう一度食べたくなるよう
な中毒性については、空腹
を埋めるために食べたいと
思う「本能的な欲
求」と、心に強烈な印象を
与える「精神的な欲
求」の2つが満たされるから
だと、笠岡さんは説明しま
した。精神的な欲求に関し
ては、「大行列に並ん
で40分以上待ったあと目に
する巨大な山盛りの二
郎」によって満たされるの
ではと考察しています。
23:15
あっ、間違えました
23:15

ラーメンオタク藤井
拓郎のラーメン二郎
ネタLINE。全員から
思いっ切り無視され
たそうですが……

カレージャ合宿にて。チームメイトから「神」とも称された萩野公介の練習

chapter **04**

Japanese Olympic Swimming Team 27

# モチベーションを上げる

## ライバルではなくモチベーションだ！――堀畑裕也

僕は今回、男子競泳界の2大ヒーロー、怪物マイケル・フェルプスと超人ライアン・ロクテも出場する400m個人メドレーに出場しました。しかも、その日はオリンピック初日ということもあってすごく緊張してて、いつもより硬くなっていた部分があったんです。でも正直、高校生の萩野君のレースに助けられました。

練習から彼の調子がものすごくいいということもあったんですが、彼の初日の予選の泳ぎを見て、急に目が覚めたんです。

「裕也、お前何ビビってんだ。萩野にできてお前にできないわけないじゃんか」

って、ハッと我に返りました。それで決勝まで残ることができ、萩野の銅メダルには届かないまでも6位に入賞することができたんです。正直、悔しい気持ちがないと言えば嘘になるし、前年の世界選手権の個人メドレーで3位に入った人間としては残念でしたが、それ以上に萩野から勇気をもらったほうが大きかった。

というのも同じようなことが以前もあったので。2009年の日本選手権でこれで結果が出れば初代表！　って時にビビってしまい、それまで日本ランキングで1～2番にはなったことがなく「行けたらいいや……」ぐらいだったんですけど、これまた先輩の高桑さんが予選一発目でいきなり日本新を出したら「うわ～、スゲェ！」って思って、いきなりスイッチが入って。それでいい泳ぎができて初めて代表入りすることができたんです。

なんていうか萩野君も高桑さんもライバルではあるけど、それ以上に刺激や勇気をもらえるというか、モチベーションを上げてくれる存在であって、やっぱり仲間なんですよね。それに11年の上海での世界選手権では、僕が3位に入って、ふたりに刺激を与えたのは間違いないし、もはやライバルである以上に、仲間であり同志なんです。アスリートとしては少し甘いかもしれないですが……。

水泳はひとりで泳いでいるようで、ひとりでは泳げないスポーツ。本当にそう思います。

## 頑張らなきゃ、から頑張ろう！――内田美希

初めての五輪のレースを終えてから、私自身、驚いたことがあって、久々に自然と「水泳、頑張ろう！」って思えたんです。ホント、この感覚、何年ぶりだろう？　って思って。というのもここ最近「水泳、頑張らなきゃ」になってたんですよね。

いつからなんだろう？　もちろん水泳は好きで始めたし、今も好きだし、小学校までは練習がつらいと思ったことすらなくて、毎日スイミングに行くのが楽しかったんです。友

達と会うのも楽しみだったし。

でも、中学に入った頃には、練習はイヤになってて、友達と遊ぶ時間はないし、みんなで、「学校終わったら遊びに行こう！」

ってなっても私だけ、

「あ、スイミングあるからダメだ……」

って。別に水泳を辞めようと思ったことはないんですが、やっぱりなんとなく重荷になってて、そのくらいから「頑張らなきゃ」になってたような気がします。

その後は、高校に入った頃から日本選手権やジャパンオープンの決勝に残れるようになって、注目され始めてるのも分かっていたので「タイムを出さなきゃ」って感じでした。ただ、プレッシャーってほどプレッシャーじゃなく、「頑張って」って言われれば、素直に「ありがとう」って思えるし、水泳が一番自分を輝かせてくれるってことも分かってるんです。恋愛も「水泳の邪魔になるものはしない」って常に思ってるし……。

でも、オリンピック合宿中は自信喪失でしたね。元々練習では弱い、本番型って自覚はあったんですが、（伊藤）華英さんには絶対勝てないし、（松本）弥生さんや高野綾ちゃんにもボロボロに負けて、練習すればするほど自信がなくなりました。そして、最後のテネリフェ合宿でついに戦意喪失しました。

でも、華英さんが前に「速い選手はたくさんいても、本番に強い選手じゃないとここには来れない」って言ってて、その言葉が不思議と心に残ってたので、すがりついてたんです。華英さんは全然憶えてらっしゃらないと思いますけど（笑）。

そして本番は、正直あっという間に終わっちゃったんですけど、思ったよりタイムがよくて、何よりあまりにオリンピックが楽しくて。応援の場所取りすら楽しかった。だから今は、もう一度あの舞台に立つために、素直に「頑張ろう！」と思ってる自分がいるんです。

この間までは、いけないことですけど練習中「どこで抜こうか」なんて考えてたのに、今はメインメニューを見て「今日はここ、頑張ろう！」って思ってます。

人って変われば変わるもんですよね。だからなんていうんだろう、ＡＫＢ48、いるじゃないですか。私、大ファンなんですけど、彼女たちが総選挙に向けて頑張る気持ち、前はあんまりぴんと来なかったけど、今はすごく分かります。

## 「目標はメダル8個！」の意味――大塚美優

私、シニアの代表は今回が初めてだったんで、最初はすごく緊張していたんですが、選考会が終わってすぐの第一次合宿でいろいろレクリエーションがあって、そこで皆さんとお話しできて、すごく楽しかったんです。マシュマロを使ったゲームでは、北島康介さんと立石諒さんに挟まれて、その時はあんまりしゃべれなかったんですけど（笑）、ロンド ン入りしてからは北島さんともお話しできて、一度、香生子ちゃんと一緒にお部屋にまで行かせていただきました。

それらのことはすごくいい思い出でよかったんですが、ただ個人のレースは正直、納得できなくて。私的には今も、何がどうダメだったのか分からないくらい。すごく周りを見てしまって、自分のレースに集中できなかったので、逆に先輩方がしっかり狙うところは狙って、「必ず決勝に残る！」と言って実際に結果を出してた部分は正直すごいなと思って、「私もああなりたいな」と思いました。

それと自分に対する向き合い方？　っていうんですか。最初のスペインのカレージャ合宿からは、ずっとコーチとのマンツーマン練習だったんですが、こんなに長期の合宿は初めてだったので、そこはちょっとつらかったです。コーチに1から10まで全部見られているような感じがするし、逆に自分自身との戦いもあるし、いろんなことを全部ひとりでやらなきゃいけないしで。いいこともいっぱいあったんですけど、あれほどの体験って今までしたことがなかったので、水泳の本当の厳しさを知ったというか、いい勉強になりました。とはいえ、みんなで泳ぐ喜びも分かったので、基本的には楽しかったですけどね。

それから、上野先生がずっとおっしゃっていた「目標はメダル8個！」の意味も正直あまり分かっていなかったんですけど、先輩方がメダルを手にしているのを見たら、「ああ、オリンピックはメダルを獲って初めて輝ける場所なんだな」って分かって。

本当に長い3カ月半だったし、今となってはだいぶ昔のことみたいですけど、行けたことは本当によかったな、このチームにいられて私は幸せだったなって思っています。

## 「税金の無駄遣い」と呼ばれて――松本弥生

正直に言っちゃいますよ。ぶっちゃけ私、2009年のローマの世界選手権の時に初めて代表に入って、その時は本当に嬉しかったんですけど、代表としての自覚はあまりなかったんです。

「JAPAN」のジャージーを着られるのは嬉しかったし、伊藤華英さんや上田春佳さんといった、それまで憧れていた先輩方と一緒にチームで泳げるのも嬉しかったけど、「代表」っていったいなんだろうと。別に私は国に食わせてもらってるわけでもないじゃないかと。

それよりたまたま調子を落としていたこともあって、ローマは400mフリーリレーで予選11位。つまり決勝にも残れなかった。あ〜あ、とは思ったんですが、帰国してしばら

くしたらコーチに、

「お前、なんかこんなこと言われてるぞ」

って、どこかの知り合いだか大学関係者に言われたようで、

「税金の無駄遣い」

だと。ガガーン！　正直メチャクチャショックを受けましたね。確かにローマは個人種目で出られずにリレーのみであの成績。しかも日本水泳連盟もＪＯＣも公益財団法人だから、なんらかのかたちで税金が投入されてたり、国から援助を受けてるんだろうけど、まさかそんなふうに捉える人がいたとは。

でも、その時初めて「国を代表するってこういうことか」って分かったんです。選ばれて外国人と試合をするだけじゃない。そこにはお金がかかっていて、エコノミーとはいえローマまで飛行機で行くし、向こうで何泊かして食事もし、なによりテレビで中継される。「本日、ローマで水泳の世界選手権が行われ、トビウオジャパンは何位と何位……」とか報道され、まさしく日本人を代表して行くわけですよ。文字通り国民の「代」わりに。

もちろんスイマーは年がら年中一定の速さで泳ぐのは無理で、その時々の調子でタイムや順位は上下するんですが、そんなこと一般の人は知ったこっちゃない。言いたいこと言うし、自分も言われちゃったし、今まで自分も似たようなことを言ってた気がするし（笑）。

だから「もう二度と言わせない」と思って、代表に選ばれたからには全力を尽くし、文句を言わせないと心に決めたんです。それに単純にテレビに出る以上、誰だってよく思われたいし、褒められたいじゃないですか。最近ネットも充実してきて、ますますどこで何言われるか分からないし、頑張っていることを積極的にアピールしていこうと思ったんです。

そもそも私は怒られてもシュンとせず、逆に「見てろよ！」と思う生意気タイプなのでそれもよかった。大学でコーチに認められたのも、入学直後に怒られて刃向かった学生は私が初めてだったみたいで、「こいつ、なんか持ってる」と勘違いされたようで。人生、まったく何が幸いするか分かりません（笑）。

今後も、叩かれると伸びるタイプって思われ続けるのはイヤですが、確かに人は言われないと分からない部分もあるし、特に国を代表する自覚や責任なんて誰も教えてくれない。もちろん今も日本がどうだとか、アメリカがどうとか、難しく考えているわけではないですが、皆さんの「代わりに」戦う自覚はあります。立場や責任で人は成長するって本当ですよね。私が言うのもなんですけど（笑）。

# 生まれ変わるきっかけなんていくらでもある——高桑　健

僕、昔は練習嫌いで有名だったんですよ。たまに「今日は身体が軽いからやっちゃおっかな〜」みたいな日もあったんですが、基本、どうやってサボろうかずっと考えているクチで、大学2年生までは常にそうでした。

当時、練習を見てもらってた鹿屋体育大学の田中先生にも、

「高桑く〜ん。僕はね、君の練習を見るのが嫌だったんですよ。見ててイライラするから」

と言われたことがあって、例えば100mを30本泳ぐとして、10本1セットで最初は1分25秒、次は1分20秒、最後は1分15秒って徐々にターゲットタイムを縮めていくんですが、僕の場合、1セット目と2セット目とラスト直前までは、タッチ&ゴーで「間に合えばいいんだろ！」みたいな態度。ラスト1本だけをガーンと飛ばして、お前、最後だけかよ……みたいな。

聞けば先輩からも「高桑だけには負けたくない」と思われてたらしく、もっとも変に負けず嫌いで本番だけは妙に強かったんですけど。

ところが大学2年生の時です。当時のアテネ五輪で、いきなり同じ大学で1年先輩の柴田亜衣さんが金メダルを獲得。まさか同じ練習をやってるチームメイトが金メダルなんて。

その頃亜衣さんはメイン練習の後に、30分の個人練習をやってたんですが、そこで初めてダメ元で田中先生に直訴してみたんです。

「僕にもやらせてください！」と。

「だったら普段の練習をマジメにやれ！」

と言われるのを覚悟していたんですが、意外にも、いつもの調子で、

「やりたいならやればいいいじゃないですか～」

という返事。

「えっ、いいんですか？」

みたいな。そこからなんですよ、僕が変わったのは。そこからは本当に亜衣さんが僕のモチベーションになって、

「亜衣さんがこの練習をやっているからオレも」とか、

「亜衣さんが今は休んでいるからオレも」

みたいに、すべての指針になって、それで僕も代表入りができ、北京五輪にも行けたんですが、その北京で亜衣さんが引退なさってからは、しばらくどうすればいいのか分からなくなっちゃって。その時に、自分の芯になるもの、核になるものを支えることってやっぱり大変なんだなって思いました。

北京の翌年は、惰性じゃないですけども、オリンピックに出た人間が情けないレースはできないよな、という気持ちでやってて、それでも次の年まで気持ちを燃やす材料にはならなかったんですが、２０１０年には今度は自衛隊の同僚でもある原田蘭丸選手が代表に入ってきて、やっと再び楽しくなってきた。

彼は今回でいう藤井拓郎君と同じで、趣味が合うから、テレビゲームの「モンスターハンター」をやったり、練習も一緒にやって面白おかしく過ごせました。

特に10年にフラッグスタッフでやった高地合宿では、「ふたりでどこまで追い込めるかやりましょうよ！」って感じで、とことん追い込めたし、彼のおかげで突っ走れた。

そのせいなのか、11年はどこか慢心してたんでしょうね。「高桑さんは代表に入るっしょ」「大丈夫でしょう」とか言われてたんですが、本当に０・１秒差で06年以来順調に入っていた代表から外れ、情けない日々を過ごしました。

そして12年のロンドンイヤーですが、これは年が近い藤井拓郎君からもそうですが、事前合宿中ではなんといっても17歳の萩野君！　同じ個人メドレーの彼から力をもらいましたね。

僕はバジルドン合宿から彼の練習を見させてもらってるんですが、本当にものすごく強くて、心の底から尊敬できるというか、ほとんど「神」と言ってもいい。２００ｍを6本、スイッチングアウトで全力で泳ぎ、それもタイムがハンパじゃないと思ったら、今度は「おい萩野、ダイブ行くぞ」って100mの本番形式を6本。

しかも、その練習に対する気持ちや内容をこなそうという覚悟が鬼気迫っていて、本当に尊敬に値するレベル。

だから思ったんですよ。結局、年齢に関係なくすごいヤツはいるし、俺たちは、そういうヤツからパワーをもらったり、たまには与えたりして生きているのだと。

生きる手本は、きっと皆さんの周りにもいるはずです。それを生かすも殺すも結局は本人次第なんですよ。

## 私は何も我慢しません！——加藤ゆか

私って贅沢なんでしょうか（笑）。アスリートはたいてい、目標のために何かを犠牲にしたり、我慢することが多いみたいですが、私の場合、まったく逆です。基本、私は水泳のために何かを我慢することはしません。というか逆に何かを我慢しなければいけなかったとしたら、そもそも私はここまで水泳を続けてこれなかったと思います。

まず絶対に言えるのは、寝ることと食べることを我慢しないこと。だから逆に言うと夜遊びも絶対にしないんです。眠るのがすごく好きなんで。夜遊びより睡眠です（笑）。

それから食べ物も絶対に我慢しません。食べたいものは絶対に食べます。バランスとかも全然考えません。特に食事に関しては水泳で頑張るためのモチベーションになるので、思うがまま好きに食べるようにしています。

普段は合宿所にいるので、ご飯とかは自分の好きなものを食べ、それでも物足りないと思ったらコンビニで買って食べます。

それと休みの日は「これ食べたい！」というものが絶対に思い浮かぶので、それを食べに行きます。これは昔の話ですが、一時は甘いものをずっと食べていました。朝起きてクリスピークリームドーナツ6個とか（笑）。

ただし、それもたまたまそこに6個しかなかっただけで、高校生の時には友達とミスタードーナツを連続で何個食べられるかに挑戦して、9個食たこともあります。しかもその間、口の中が甘くなりすぎちゃったんで、途中でラーメンを食べたくらいです。とはいえ一番食べたのは高校や大学生ぐらいで、今はあの時ほど食べてないと思います。

でもそれだけ食べても若い頃を除くと、太ったことがほとんどなくて、一時は食べても食べても体重が減っちゃったくらい。逆に言うとそれだけ泳いでました。

最後に話は変わりますが、五輪でメダルを獲った今は婚活に燃えようかと思ってるんです。私も26歳ですし、30歳までには絶対子どもはひとり欲しいと思ってますので。一応スイマーとしての夢は叶えたし、後は女としての夢も叶えたいかな……なんて。

## ジェネラリストで行こう――松島美菜

私、今競泳をやっていると同時に大学の薬学部にも通ってて、たまに競泳関係者の方に、「もしや勉強の情熱を水泳に費やしたら、メダル狙えるんじゃない？」とか言われるんですけど、それって無理だと思います。私の性格上、たぶんダラけちゃいます。

というのも一部誤解されているみたいですが、私、水泳も薬学も単純に好きでやっているので。やりたいことをやってて楽しいから学校も毎日行くし、薬学の授業もサボらないし、水泳の練習もちゃんと行くんです。ちなみに今回のロンドンオリンピックにも、あんまりできませんでしたが、勉強道具は持って行きました。

逆に普通に勉強するのは嫌いなんで、経済学部とか、文系に入ってたらたぶんダメでした（笑）。基本、化学の実験が好きなんです。

そもそも薬剤師を目指すことは小学生から考えていましたが、最終的に後押ししてくれたのは高校時代の水泳ですから。水泳でドーピングの検査を受けた時に「これ、どこに回して何を調べるのかな……」と思ったら気になっちゃって気になっちゃって。そういうこともあって高校生の時に「私、薬剤師になる！」って決めたんです。

自分で自分の性格を分析すると、好奇心旺盛で自由奔放ですが、日々やりたいことは変わらないです。でも、自分のルールがきちっとあり、本当に自分がやりたいと思わないとスイッチが入りません。

水泳だって、自分が気持ちいい泳ぎをしたいのであって、順位とタイムより泳ぎの感覚が優先です。泳ぎの感覚がいいと本当に楽しいんです。でもそれは、感覚がいいとたいてい順位もタイムもいいからかもしれないんですけど（笑）。

なので今まで「メダルが欲しい！」と思って大会に出たことはほとんどありません。それより自分の泳ぎを追求したい気持ちのほうが強いんです。

だけど、今回ロンドンに行ってちょっと変わりましたね。初めて「メダルが欲しい！」と心底思いました。だって康介さんにしろ、丈志さんにしろ、入江さんにしろ、綾さんにしろ、メダルを獲った皆さん、カッコよかったじゃないですか。

でも4年後、私が何してるかは分かりません。もしかして水泳を辞めて薬剤師になってるかもしれないし、それは2年後に学校を卒業した時の私次第です。

ひょっとしたら薬剤師をやりつつオリンピック選手という、聞いたことのない〝二足のわらじ〟を目指しているかもしれませんね（笑）。

## すべてはオリンピックのために――伊藤華英

私は、今も憶えています。オリンピック選考会を兼ねた4月の日本選手権で代表27人が決まり、その直後に行われた1回目の代表合宿で、監督の上野先生が大きな声でこう言ったことを。先生はいきなり、

「チーム目標は、金を含むメダル8個と入賞20！」

と叫んだんです。しかもこの言葉はこの後、オリンピックが終わるまでに何度も繰り返されることになります。

正直、なんとなくピンと来てない10代の選手もいたようだけど、私はこの瞬間、

「そうだそうだ、やっぱりオリンピックはオリンピックなんだ……」

と思ったことを憶えてます。実際、その後に選手それぞれに、

「今回メダルはいくつ獲れるか？」

を書かせ、競馬よろしく予想させたりしましたが、そこにはやっぱり、

「楽しく、和気藹々《あいあい》とスポーツの祭典に行ってこよう！」

なんて甘ったれた考えはない。本音を言うと、

「オマエたち、メダルぶん獲ってこい！」

ってムードなんですよ。監督はさらに言いました。

「メダルが獲れる選手、メダルが獲れない選手、入賞できる選手、できない選手といろいろいるけど、ここからは個人やクラブじゃない。日本チームなんだ。自分がどういう泳ぎをしたいとかもあるだろうけど、あくまでもトビウオジャパンなんだ」

と。やはりオリンピックは国同士の戦いであり、生半可な気持ちで行くわけじゃない。仲良し海外旅行じゃ困るわけですよ。でもそれが私には、不思議と気持ちよかったし、背筋がピンと伸びるのが分かり、再びこの舞台に立った嬉しさを実感しました。

そう、16歳で初めて日本代表に選ばれている私ですが、驚いたのはとにかく日本競泳陣は4年に1回のオリンピックがすべてである事実。もっと世水（世界水泳選手権）なり、パンパシフィック選手権も大切かつ並列に扱われていると思ったら全然違う。

「世水ですらオリンピックのシミュレーション」

なんです。実際、かかわる人の数が違うし、出ていくお金も違うし、マスコミの注目度も段違い。そもそも監督やスタッフの気合いの入れようが違う。そう言えば15歳の新人、

渡部香生子が驚いてたけど、

「水着はもちろんですけど、スーツは式典用と外出用で2着用意されるし、それから文給されるアミノバイタルとかサプリメントの量もハンパない。私、お店開こうかと思っちゃいましたよ（笑）」

というくらい圧倒的な物量。

合宿地もアメリカのサンタクララや、高地のフラッグスタッフ、カナダのバンクーバー、ヨーロッパだとイタリアのローマや、イギリスのバジルドン、最終合宿地のテネリフェまで多岐にわたっている。とにかく万難を排して、よい事前準備をさせようというわけです。

選手もパンパシフィックなどは一種目3人ずつで、選手団は30～40人と多いのに、オリンピックは種目ごとにふたりで、今回も精鋭27人。普段の大会よりさらに選び抜いたという空気がプンプンです。

だけどやっぱりそこが気持ちいいし、引き締まるんですね。最近、何かと戦うことから離れる風潮がある日本ですけど、やっぱりこういうのって悪くないですよ。

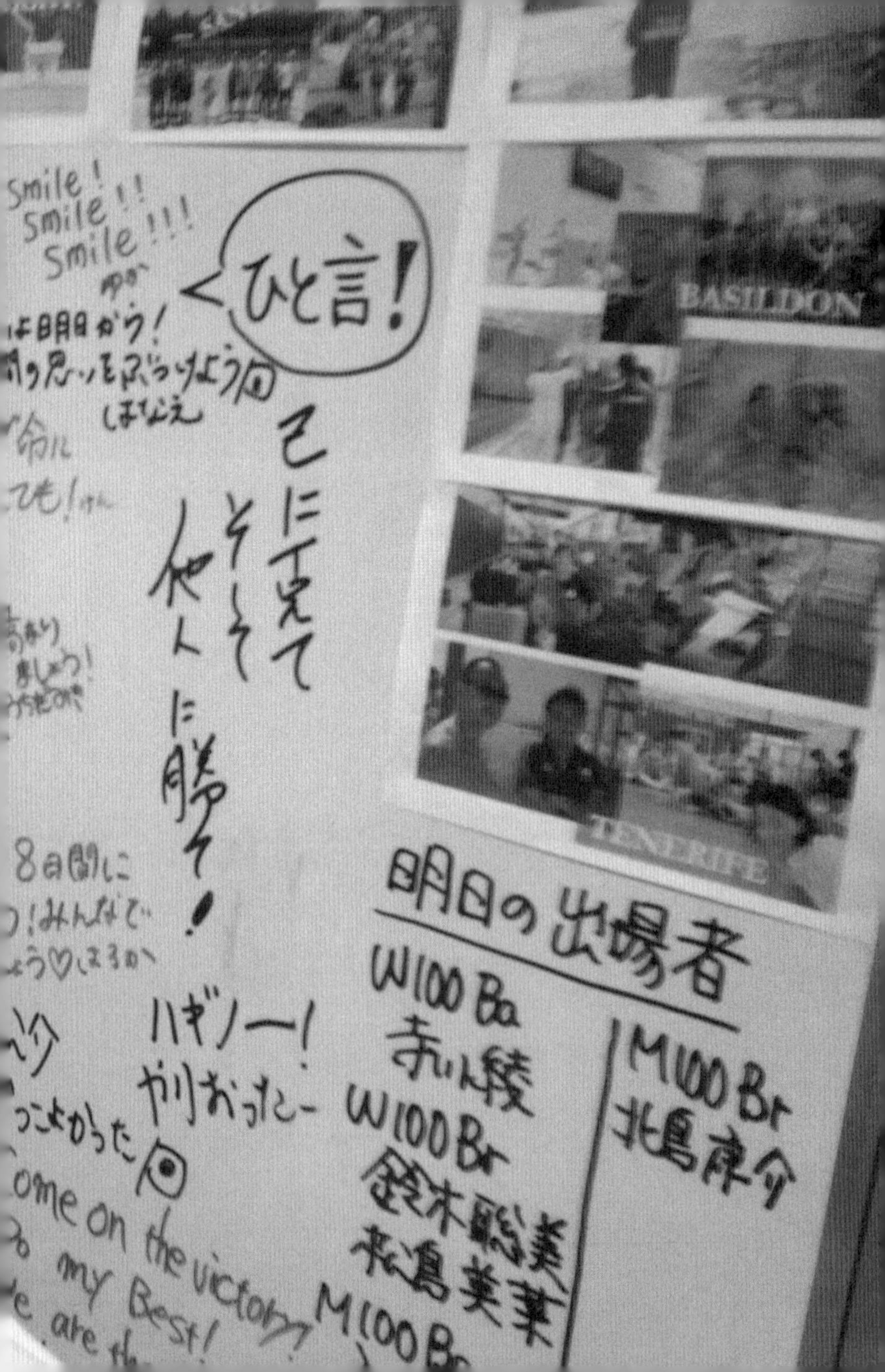

Smile! Smile!! Smile!!!
ひと言!
己に克てそして他人に勝て!
BASILDON
TENERIFE
明日の出場者
W100Ba
W100Br
鈴木聡美
M100Br
北島康介
ハギノー! やりおったー
my Best!

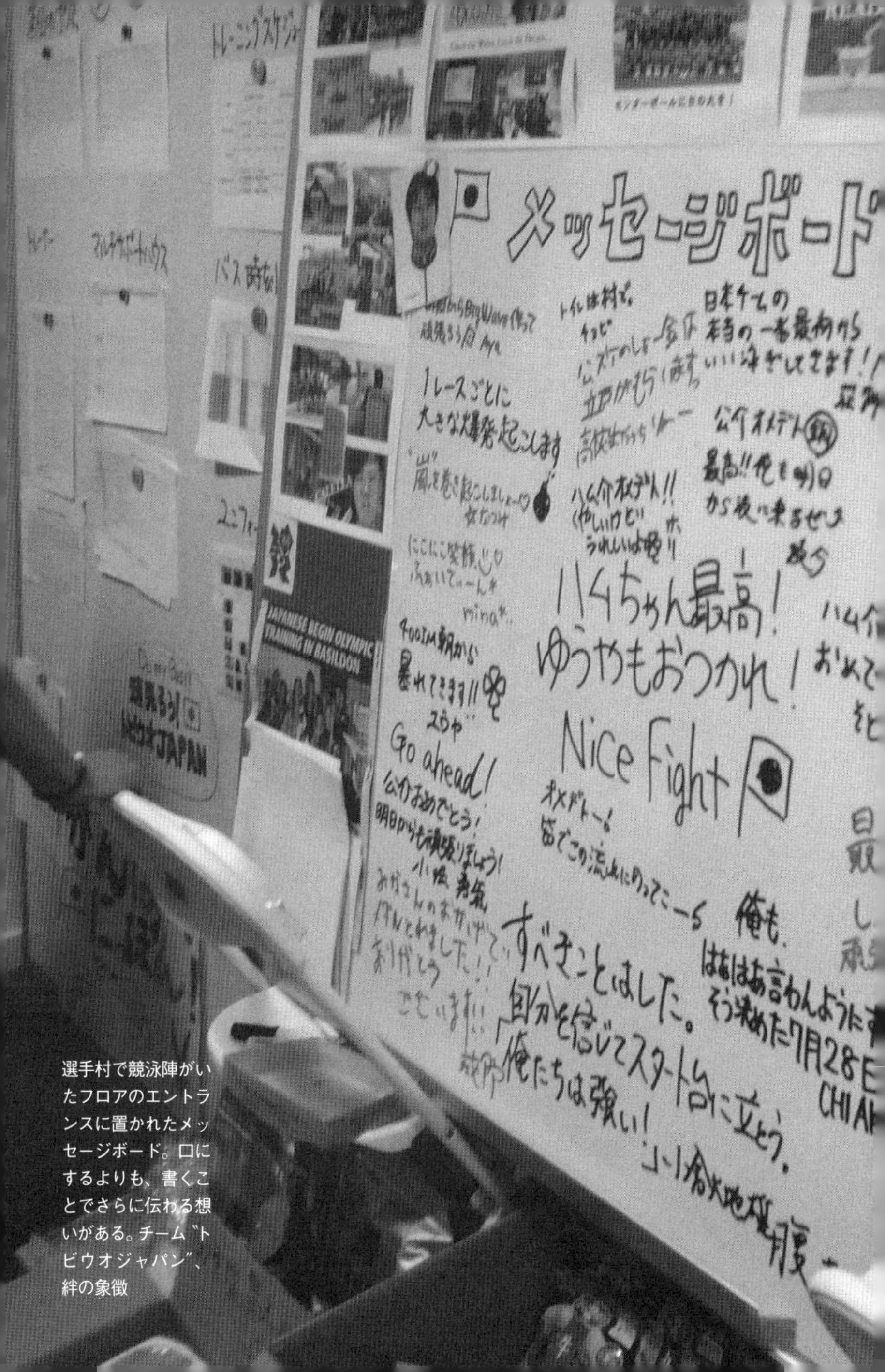


選手村で競泳陣がいたフロアのエントランスに置かれたメッセージボード。口にするよりも、書くことでさらに伝わる想いがある。チーム"トビウオジャパン"、絆の象徴

萩野公介と堀畑裕也。ライバルだからこそ気付き教えられることがある。結果を出すために協力は惜しまない

鈴木聡美、松島美菜、星奈津美の仲良し同期3人組。その存在はモチベーションにもなり、癒やしにもなり、支えにもなる

chapter 05

嬉しさと悔しさがないまぜになった個人種目での銅メダル

Japanese Olympic Swimming Team 27

# 現実を直視する

## 格差を受け入れること——松田丈志

僕がある意味で最も危惧したのは「格差」の問題です。言わば「選手内格差」ですよね。それは個人種目で選ばれた選手と、リレー種目で選ばれた選手への対応差もありますが、それ以上に強烈なのは「メダリスト」と「メダルを獲ってない選手」との格差です。この違いはまさに圧倒的で、しかも心理的ショックが大きい。そこで僕はロンドン入り直前の最後の全体合宿、テネリフェ合宿であえて言うことにしました。これは僕自身体験していて、深く心に残っている話でもあるので。

あれは9年前、アテネ五輪が終わって日本に帰る時のフライトです。選手数は確か20人で、その中の7人がメダリストになったんですけど、アテネの空港から出発する段階になると、まずメダリストは帰りの飛行機がビジネスクラスになるんです。今までずっと一緒に動いてたのが、メダリストはラウンジに行けるので急に別行動になる。当時、僕はメダルを獲ってない組ですから、「アレレレレレ?」ですよ。帰りの空港でビジネスクラスに座れるメダリストと、行き同様エコノミークラスに座るメダリストでない組で分かれ始めるんですね。ここでちょっとしたプチショックを受けるんですが、本当にツラいのはそれから。

成田空港に着いてですが、荷物を取っていざ出口を出ようって段階で、突如空港係員に慣れた手つきで、

「はい、メダリストの方はコチラ、残りの方はコチラにお願いします」

と成績順に並ばせられるんです。アテネの時だったら金メダルを獲った康介さん、柴田亜衣ちゃん、そして銀メダルでキャプテンの山本貴司さん。次に銅メダリストたちが次々並ぶ。かたや僕らは、

「残りは後から適当についてきてください」

って感じで、つられて到着ゲートを出る。すると康介さんが出たとたんパチパチパチパチパチ！　と大拍手とカメラのフラッシュの嵐ですよ。

「うわ～」「おめでと～」

って大歓声が上がって、でも、メディアもファンの方たちも、結局メダリストだけを見に来てるからみんなメダリストたちについて行くんですよ。なので僕らは一顧だにされない。僕らが出た時には、誰もいないんです。

さらに車が待ってる道路に出た時です。メダリストたちは、都内の記者会見場に行くためにバスが用意されてて、旅行代理店の人に、

「メダリストの方たちはどうぞお乗りください」

と言われて乗り込む。かたや僕らは、
「それ以外の方はここで解散になります、お疲れ様でした〜」
と言われて突如解散。なんの全体挨拶もなしですよ。そこで僕らは、「なんだ……そういう感じか」とやっと気付いて、リムジンバスのチケットを自分で買うことになる。当然、バスはすぐに来ないし、30〜40分待たされる。実になんとも「JAPAN」のユニフォームが悲しい感じなんです。

それに都内の選手なら、クラブの仲間や家族が迎えに来てたりもするんだけど、僕は宮崎だから本当にそこに取り残された感じで、急速に「今までは、なんだったの?」って気分になります。まさに夢のあとさき。「終わりよければすべてよし」って言葉がありますが、まるで逆ですよね。「終わり悪ければすべてむなし」と言わんばかり。

しかも格差はこれが序章で、その年が終わり、オリンピックブームが終わるまで続くんです。気づいたら同僚のメダリストたちがテレビに出ていたり、皇居でのお茶会に呼ばれてるのをニュースで見たりとかね。

あまりにショックだったし、そんなに結果によって扱いが違うのなら「先に言っといてよ!」と当時すごく思ったので、ロンドン五輪直前のミーティングの時に話したんですけど、その時、立石が言ったのは、

「丈志さん。今までもメダル獲りたい獲りたいとは思ってましたけど、これ聞いて何がなんでも獲りたくなりました」

と。そして、僕はさらに続けました。

「僕はね、日本のメディアというか、大衆の〝メダリスト至上主義〟が決していいことだとは思わない。だけど、僕らがオリンピック代表選手に選ばれ、ここに来ている以上、それは受け入れざるを得ない現実だ」

と。さらに、

「今は競泳日本代表として横一列で取り扱われているけど、大会が始まったら否応なしにタイムが出て、順位づけがなされ、メダル獲った人獲らなかった人、金獲った人銀獲った人、決勝に出た人出なかった人って振り分けられる。それは僕らがアスリートである以上、絶対に待っている現実で、それがあろうとなかろうと最後に〝この27人で戦ってよかったね〟と言い合えるチームになっていたい」

という話をしました。

もちろん受け止め方は人それぞれ。ただ、事前に分かっているに越したことはないと思ったのですが、果たしてオリンピックが終わった今、みんなはどういう心境でいるのでしょうか。

## ブラックメダルとかあればいいのに（笑）——高桑　健

ロンドンから帰国直後、僕は地元埼玉県の小学校を2校、水泳指導で回ったんですね。その時はよほどメダルラッシュと最後のメドレーリレーの印象が強烈だったらしく、小学生が結構食いついてきてくれて、心底、

「オリンピックに行ってよかった～」

と思ったんですが、それは明るい部分として、まったく逆に「メダリストとの格差」を思い知らされることもあったんです。そう、それこそ僕が所属する自衛隊の観艦式で。

ご存じ自衛隊には自衛隊体育学校というのがあって、オリンピックには何人も選手が行ってるんですけど、入賞者は全部で5人いて、そのうちの4人はメダリスト。金を獲得したレスリングの米満達弘選手と小原日登美選手、銅を獲得した湯元進一選手、同じく銅を獲得したボクシングの清水聡選手。ぶっちゃけこの中でメダルを持ってないのは僕だけなんです。けど、5人が並んで甲板上で紹介されるわけじゃないですか。それだけでも苦しいのに、余計苦しかったのが、

「それではメダリストと会う機会もあまりないでしょうし、お近くでメダルをご覧ください」

ってアナウンスされた時なんです。

自衛隊員の中にはメダリスト4人とだけ握手して、僕を見なかったように前を素通りする人すらいて、その時心底「オレ、本当にここに要る?」って思いました。思わず甲板から海に飛び込んで泳いで帰っちゃおうかというくらい（苦笑）。

分かってはいましたが、一般の人にとってはオリンピックに出た人＝メダリストで、入賞者はいないも同然。スポーツに詳しい人や、その競技をやっていた人には、オリンピック代表に選ばれるだけでどれだけ大変か、競泳でトップ8、つまり決勝に残るだけでどれだけ価値があるか分かってもらえますが、普通の人はそんなこと知らないわけですよ。ましてやテレビで主役を演じたメダリストたちと並べられちゃうと、「アンタ誰?」ってなっちゃうじゃないですか。

ゲームだってそうでしょう。あの『ファイナルファンタジーⅣ』で「セシル」「カイン」「ローザ」「リディア」「エッジ」のメインキャラ以外に、言われてパッと思い出せるキャラがいる人がいたらお目にかかりたいくらいですよ。マニアックな話になりますが（笑）。

もちろん、僕は自衛隊体育学校に所属してるし、観艦式に出る義務もあるんでしょうけど、こういう扱いってどうなんでしょう。

例えば普通の会社でも役員までは賞賛されるけど、平社員は価値がないとか、部長以下は無視されるなんてことないですよね?　でもそれに近い感覚があるんですよ。特にまだオリンピック熱がちょっと残っている時期なんで、余計つらかった。

オリンピック、もっと〝名脇役賞〟とか、〝バイプレーヤー賞〟みたいなのを作っていただけると嬉しいんですけど……。それか一番文句や意見を言ったダークな選手に与えられるブラックメダルとか（苦笑）。

## 注目されることをパワーに変えよう——金田和也

確かにオリンピックは金銀銅の3つのメダルがあることによって、ドラマも生まれるし、分かりやすくもなります。でも、選手からしてみると結構キツいですよ。だって今回決勝に残った背泳ぎの渡邉さんだったり個人メドレーの堀畑君だったり、高桑さんだったり、あれって他の競技だったら新聞の一面に載ってもおかしくないですから。自分で言うのもなんですが、僕の200mバタフライの10位にしても「世界の10位」ですよ。それが他競技なら「よくやった」で、水泳だと「よく知らない」ってヘンですよね？

僕もロンドン直後の9月の終わりに、先輩から「お台場スイムマラソン」ってのに誘われて一般の部で出たんですけど、他にも「オリンピックチーム」が出るって聞いててへぇ〜って思ってたら、僕の先輩の末永雄太さんと坂田龍亮さんとの混成オリンピックチームのことで、パンフレットには一応僕の名前も載ってるんですよ。

ところが途中で主催側の人が僕のところに来て、メンバーを見ながら「オリンピックに出たのって末永君と坂田君だっけ……」とか言われて「あ～ぁ」。水泳にかかわっているイベントですらこんな感じで、となると一般の方からすると世界10位や決勝残りぐらいではダメなんだなって。しかも、9月ってロンドンが終わってわずか1カ月後ぐらいですからね。

もちろんそれは日本競泳陣が強すぎるから起こる弊害であって、もはやベスト8じゃ満足できずに、メダルじゃなきゃ記憶に残らないっていうのは逆にすごいことでもあるんですが、それでも理不尽です。実際、文部科学省の表彰ってあったじゃないですか。他の競技なら決勝に残ったら表彰なのに、競泳に関してはメダリストだけが表彰式に絶対参加で入賞者は任意。実はみんなが頑張って充実している種目が損するなんてちょっとね、です。

それとこのメディアの取り上げ方って何？　と思ったのはやっぱり15歳最年少の渡部香生子ですよね。日本選手権で2位に入った時には一気に持ち上げて、その時に1位だった鈴木聡美はまるで取り上げない。今とは逆で、ある意味、日本競泳陣が強く、テレビや世間に注目されているからのドラマなんでしょうけど、この扱いはやはり残念です。

僕自身、高校でケガをした時にどん底を味わってるんで、いい時に声をかけてくれる人じゃなくって、悪い時にこそ、厳しい言葉だったり優しい言葉だったりをかけてくれる人が、本当に自分のことを思っていてくれる人なんだなって思います。ま、メディアの気持ちもまるで分からないではないですけど。

ですからこのことに関しては、こちらからもアピールしていくべきなのかもしれません。もっと気持ちを上手に伝えるというか。やはり競技人としては、マスコミの方々に真実を伝えていただき、皆さんに喜んでいただくことが何よりもパワーになりますから。

## 愚痴をパワーに変える方法——金田和也

愚痴を言いたいわけじゃないんですが、今回トビウオジャパンの「つながる心」を振り返るに当たって聞いていただきたい話があり、ちょっといいですか？　って、やっぱ愚痴になるのかな、この話（笑）。

あのですね、これ部屋割りでのプチ悲劇なんですけど、今回でいうバジルドンやテネリフェのような最終合宿地になってくるとオリンピック本番が近いから、トビウオたち27人が一気に全員集まって練習することになるんですね。

となるとどうしても大変になるのがプールの時間割。どんな合宿地でも50mの大型プールはせいぜいあってひとつだから、27人が全員同時に練習できるわけはなく、大雑把に午前午後に分かれて、さらにそれを前半後半に分割して振り分けて使うことになる。

たまたま今回のテネリフェでは、僕と高桑さんは同部屋にもかかわらず、練習が午前と午後に振り分けられ、まったく正反対の生活をすることになりました。たかが部屋割りと申すなかれ、これが結構キツいんです。オリンピック直前で焦ってることもあるし。

例えば僕は毎朝6時に起きてプールに行ったんですが、高桑さんは午後練習で夜11時頃に寝てるから、当然起こさぬように携帯のバイブで起きて真っ暗な中こっそりと出る。しかも高桑さんをなるべく起こさないように電気をつけぬまま、前日準備しておいた服を素早く羽織って、寒い外に出てから音が響くジャージーのチャックを締める。

そういう状態だから、やっぱりどうしてもテンション低いんですよ、僕も。でもかたや食堂に行くと、他の人たちはだいたいふたり部屋で同時に寝起きしている人たちばかりだから、案外テンション高めで、既にここで微妙な温度差が生まれてるんですね（笑）。

するとと現地のウェイトレスみたいな人になぜか、

「Are you OK?」とか「Fine?」とか言われて、こちらも無理矢理、

「Good!」とか「No problem!」

とか言ってたら、松田丈志さんとか（入江）陵介が何か察してくれたのか、

「和也、今日もやるぞ！」とか、

「金田さん、今日何キロ泳ぐ？」

とかいつもより、ちょいテンション上げめで話しかけてくれて。それがすごく助かりましたね。ま、こういうことで悩んでいたのは分かってくれてたみたいで、前に一度相談したこともあったんですけど、でもこういうことって変に心配されても困るし、どうしようもない問題じゃないですか。誰かがその役回りを引き受けなければならないし。

だから根本的な解決はできなかったんですけど、ほかにもこの手の問題は、「言った言わない」のようなことからスケジュール的なことまでいろいろあって、でもそれは選手同士で、分かり合うことで結構解決できたと思います。こういう事務的な問題って、当事者同士が話し合えば解決できることばかりなんですよね。それに悩みを共有化することで、選手同士は逆によい意味でどんどん絆が深まるという効果もあって（笑）。

つまり、こういう愚痴を言うことでも「つながる心」が生まれることもあるというお話です。すいません、話が長くなってしまって（笑）。

8年越しの夢を叶えメダルを獲得した寺川綾。努力は必ず報われる

chapter 06

Japanese Olympic Swimming Team 27

# 結果を出すために

## ひとりじゃ勝てない――松田丈志

もともとワガママな僕が、なぜトビウオジャパンでチーム力に目覚めたのか。理由は簡単、初めて出場したアテネ五輪で失敗したからですよ。400m自由形でなんとか8位、直前の当期世界ランキングが3位で、メダルを狙っていた200mバタフライでは準決勝敗退に終わり、ほぼ完敗。とにかく力を十分出し切れなかったのが一番悔しかった。

アテネが終わった後、僕はずーっと自分自身に問い続けました。メダルを獲った選手、平泳ぎ2冠の北島康介さん、キャプテンの山本貴司さん、同期の森田智己と僕では一体何が違ってたのかと。思ったことはいくつかありますが、一番感じたのは、僕がみんなではなく、ひとりで戦おうとしてたことです。

当時の僕は故郷の九州・延岡を離れ、中京大プールのある愛知で練習してました。それも育ててもらった久世由美子コーチとたったふたりで来てるうえ、コーチは遠い九州にご主人を置いてまで来ている。

「こりゃオレ、オリンピックで結果を出さないと、絶対地元に帰れねえな……」

そう思い込んで、自分で自分を縛ってましたね。友達とはほとんど会わず、女の子なんかともまるで遊んでなかった。直前合宿中、チームメイトから観光やショッピングに誘わ

れても、

「僕はいいです」

って断ってたくらいですから。ある意味、頑なで融通のきかないヤなヤツですよね。当時の僕はとにかくひとりで戦おうとしてた。ひとりで頑張ろうとしてたんです。

でも、それじゃ勝てないんですよ。それどころか、その結果オンとオフ、つまりリラックスすることもうまくできませんでした。

要は地方から這い上がってきたがゆえの反骨精神ですよ。都会の有名なスイミングクラブとかの、「環境に恵まれているエリートに絶対負けるか！」みたいな（笑）。

それはそれで悪いことじゃないし、とことん自分と向き合ってきたので、苦しいことをひとりで乗り越えてきた自信みたいなのは今もあるんですけど、それだけでもダメで、オリンピックの舞台はひとりで突っ張って勝てるような甘いものじゃないんですよ。

よく見るとああいう大舞台でちゃんと勝つ人ってのは、康介さんがそうであるように、周りの仲間や、時にはライバルにまでうまく同調し、周りの人のエネルギーを見事に自分の力に変えてしまう人なんです。変なヤツと無理に同調する必要はないけど、互いに高みに行けるような人とシンクロして、持っているエネルギーをでっかくしていく。

つまるところ五輪は人間力勝負。狭い心、人の応援をもらえない人では勝てないんです。

それはおそらく普通の社会人生活でも同じですよね。だから今回僕はロンドンで、それを繰り返し繰り返しみんなに伝えました。ワンフレーズで言うと、「ひとりで戦うより、全員で戦うほうが絶対に強いんだよ」と。

実際に僕はそうやって北京で銅メダルを取りましたから。それが何よりの証明です。

## とにかく本物を味わわせる――松田丈志

皆さん、案外気付いていないと思いますが、アテネ―北京―ロンドンと3大会連続で五輪に出た者として、実感している事実があります。それは、「初出場でメダルを獲ることがいかに難しいか」です。

確率は調べてませんが、最近ではあの康介さんでさえ、初めてメダルを獲ったのは2大会目以降ですし、ソウルの100m背泳ぎで金メダルを獲った鈴木大地さんもそう。かくいう僕も2大会目で初めて銅メダルを獲りました。

つまり、初オリンピック特有のプレッシャーや洗礼を潜り抜け、成功するのがいかに難しいかということです。

今回初出場で個人メドレーの銅を獲った萩野公介、平泳ぎで銅を獲った立石諒、同じく平泳ぎで銀と銅を獲った鈴木聡美にしろ、結果から見ると、「それだけの才能があったんでしょ」というふうに皆さんの目には映るかもしれません。でも、僕に言わせると違います。彼らと康介さんに、才能の違いがあるとはとても思えないし、それ以上に初五輪でメダルを獲った人間をレアケースと考えたほうがいいと。

つまり、まずは1回目の五輪で経験を積んで、2回目以降に本気で勝負する。それくらいのスパンで考えたほうが妥当ではなかろうかと。もちろん初出場は初出場で、意外にプレッシャーから解放されるケースもあるのでメダルの可能性を捨てなくてもいいですけど、そうは言ってもやっぱり難しい。それほど4年に1回しか行われない五輪には、分厚い壁があるということです。

例えば選手からすると、まず日本選手権を突破することが大変で、特に日本には世界一厳しいと言われる「五輪派遣標準記録」がある。それを突破しても、次は「決勝」の壁があり、予選、準決勝を戦って、世界ベスト8が集結する決勝に出ることは本当に難しい。

その上にはさらに「銅メダルの壁」「銀メダルの壁」「金メダルの壁」があって、どれも相当に厳しい。言ってみればこれは経験値そのもので慣れの問題でもあります。

けどそれって子どもの教育、社会人教育なんかでも同じだと思うんです。外国で育った子が、外国語に苦手意識を持たないように、なるべく早い段階でいろんなことを経験させる。それもなるべく「本物」を経験させる。

オリンピックで活躍する才能が、オリンピックでしか育てられないように、どんな才能でもやはり本物を、その本場で学ばせる以上の勉強法はない。そういうことじゃないんでしょうか。

## やっぱりひとりじゃ戦えない──立石 諒

自己分析すると、僕はやんちゃなタイプじゃないですか？　基本、横並びが苦手だし、人と同じことをあまりしたがらない。というか、人と同じことをやっててもまず「勝てない」と思うし、「その人の上にはいけない」と考えちゃうタイプなので。

たまに「努力しない天才」と言われることがあるようですが、決してそんなことはないと思います。そもそも人に努力しているところを見せたくないだけで、単純に練習時間を人とはズラしてますから。泳いでいる時に隣に人がいると気になっちゃうタイプで、コーチが付きっきりとかでもイヤなんです。照れ屋なんですよ。

練習は自分ひとりでやって、最初に担当コーチと、

「ここまでやって～」

「はーい」

って言葉だけ交わしたら、後はメイントレーニングだけ付いてもらえればいい。とにかく人から放っといてほしいタイプなんですよ。そういう意味でのやんちゃ坊主。けど、そんな僕でも2010年は大変なことが起きて、オリンピックに行く前にチームを移籍できなくて、あわや出場できない？　とすら言われた。その時から周りが急速に見えてきて、改めて「スポーツってひとりじゃできないんだな」って分かったんです。

こないだ丈志さんにも言われました。

「諒は、最近本当に人に感謝できるようになってきたというか、応援される人に多少なってきたっていうか、今はいい顔してるよ」と。

なんかむず痒いですけど、人の期待に応える喜びは感じます。これが大人になってきたってことなんでしょうかね（笑）。

## オフに予定は入れない……寺川流断捨離――寺川 綾

私はそもそも男っぽいと言われる性格で、そのうえアスリートということもあってか、幸運にも好き嫌いをはっきり言えてしまう立場でずっと来れたと思います。

しかし、そんな私でも取捨選択で迷う部分はあって、16歳で日本代表入りしてから11年ちょっと、泳ぎの技術もメンタルタフネスも確実に進化したとは思うのですが、最も進化したのは、

「より正しく、要らないものをそぎ落とせるようになった」

ことじゃないかと思うんです。その捨て方が、5年前の北京オリンピックの時より上手になったんじゃないのかと。

例えばコーチの言葉。昔はとにかく自分の感覚優先で「それは違う」「それは違う」と思い続けてました。ところが北京に出られず、このままじゃいけないと今、師事してる平井先生のところへ行くんですが、今度は前の反動で、1から10まで言うことを聞きすぎて、いっぱいいっぱいになってしまう。そこでさらに「おかしいぞ」とひとつひとつそぎ落として完成したのが、今の私のスタイルなんです。

例えば水泳のトレーニングでは、試合前によくやるのが100mを2回とか3回、レース水着に着替えて全力で泳ぐメニュー。本番でスピードをつけるためですが、3本とも100%・100%・100%で泳ぐと、私の場合、ダメージが残っちゃうんです。その日どころか、その後何日も残ってしまい、逆効果になる。でも、これをやらないとスピード

がつかないので、平井先生に4年かけて見てもらい、ここまで追い込むとダメというギリギリのところを探ってきました。

　これも、昔だったら身体との相談ができず、無理矢理こなしたり、最悪どこか痛くなってもやり続けたりしてた時がありました。

　それから例えば、スポンサーさんとのお食事のお付き合いですが、もし練習と重なれば申し訳ないですがお断りしてます。あと、久しぶりに会える親友がいたとして、彼女とスケジュールが合ったとしても、オフに予定は入れません。ここもあくまでも水泳優先。

　そもそもオフは水に入らず、一日身体を休めるための日ですから。確かに体調がよければ出かけられるけど、万が一疲れが残っていたら休まないと。アスリートとしては、次の日の朝から練習があるので、疲れを取っておかないと何があるか分からない。万が一、そこで怪我でもしたらどうしますか。一生後悔しますよ。

　でも、それじゃ休日空いちゃうじゃない？　と思うかもしれません。なら体調がよかったとして、出かける気になったらその日たまたま空いている友人と出かければいいんですよ。いなければひとりで行けばいい。

　考え方はいたってシンプルです。私はアスリートなので、絶対の基準は自分の目標。この4年間は、ロンドンでのメダルあるのみで、それ以外はすべてそぎ落としてきました。

もちろん私たちは、普通の人とは置かれている立場が違うので幸せだと思いますが、要するに人生、目標をどこに置くのか。そしてその目標に向かって無駄なものをちゃんとそぎ落とせるのか。そういうことだと思います。

仕事なら仕事、恋愛なら恋愛。日常の細かい煩悩や無駄で手間のかかる雑用をいかに省き、捨てていくのか。そこに尽きますよね。

## 「いい準備」は自分を裏切らない――鈴木聡美

私自身、特別プレッシャーに強いタイプとは思っていません。想いが強いだけに、緊張しすぎると身体がこわばってしまうことがあって、2011年の上海世界水泳の時はまさにそれでした。キャリアが浅いこともあって、雰囲気に飲まれて、本来の自分の力の半分も出せなかったような気がします。

ところがそれが今回のロンドンでは逆で、オリンピックはもちろん初めてですが、まるで日本にいるような感覚があったんです。

選手村にいて、空を見上げてても、

「うわ～、今日めっちゃ晴れてる、気持ちいいなぁ……ってアレ？　ここロンドンか（笑）」

みたいな。外国に来ている気持ちが全然しなかったんですよ。一瞬、山梨かどこかにいるような気分になることがあって、ものすごくリラックスしてましたね。

それに、今回は本当にたくさんの方にサポートしていただいたので、食事が合わないとかベッドが合わないとか、そういうことも全然なく、元々私はそういうのを気にするタイプじゃないのですが、今回はいつも以上に完璧でした。

っていうか1カ月以上、海外にいたこともあってか、あんまり海外にいる気がしなくなってたんですよね（笑）。そういう意味でも、今回の合宿はよかったです。

だけど、やっぱり一番の勝因は練習の中身でしょう。4月のオリンピック選考会直後から国内で第一次合宿、第二次合宿、5月のジャパンオープンが終わってから、すぐイタリアのセッテコリ大会に行き、イギリスのバジルドン、スペイン領カナリア諸島のテネリフエでの最終合宿と続いたのですが、とにかく質のいい練習ができて、全体のメイン練習だけでなく、それこそスタート直後のひと掻きひと蹴り、ターンの直後のひと掻きひと蹴り、ついでに耐久練習までと、すごく細かく準備できました。

特に平泳ぎの200mは、体力が落ちてくる最後の50mで、どれだけ粘ってどれだけスピードを落とさないかがカギになるので、それこそ、最後の5mをどう泳げば疲れててもスピードを落とさないかまで詰められました。

よく野球のイチロー選手やサッカーの本田選手が「いい準備が成功を生む」っておっしゃいますが、その通りですよね。とにかく「やるだけやった」という実感があったので、いい緊張はあったけど、無駄なプレッシャーはなかったし、自分でも不思議なくらいリラックスして本番に臨めたと思います。

それからもうひとつは「運」でしょうか。あれは大会3日目の100m平泳ぎ決勝。実は前日の予選、準決勝と調子が今ひとつだったのでスタート直前はそれなりに焦ってて、「前半はこういって、ストロークはこうで、ターンしたら……」って細かくシミュレーションしてたんですよ。そしたら事前にアナウンスするはずの「Take your mark」のコールをすっ飛ばして、いきなりスタートの音がビーッ!

私も「ええ!」ってものすごく驚いちゃって、ひとりだけ「おっとっとっとっ」ってなってたんですが、周りを見たら隣は飛び込んでないし、「ああ、スターターのミスか……」って思ったら、なんだかおかしくなってきちゃって(笑)。「オリンピックなのに、こんなハプニングもあるんだ」って思ったら逆に落ち着けて、「ああ、いつも通りに泳げばいいんだ」と思い直して、あとはイメージ通り、いやイメージ以上の結果ですよね。100mで銅と200mで銀まで獲っちゃったので。

今考えると確かにツキはあったと思います。感覚はよかったし、体調もずっとよかったので。でも、一番は本当に「やり残したことはない」と言い切れるまで準備できたことが勝因なのかもしれないとは思います。

よい結果には、よい準備。大会前に結果は出ている……というのは本当かもしれません。

## 変えることを恐れるな――鈴木聡美

先ほどいい練習、いい準備って言いましたが、ポイントはもうひとつあって、「いい変化」があります。「いい柔軟性」とでも言うか。

まずは4月の五輪選考会。昔から私は、コーチに言われたことを忠実に表現したいと思っていて、常にそのつもりなんですが、この時ばかりは結構びっくりしました。

100m平泳ぎが終わり、1日空いて200mの予選前のことですけど、神田コーチが急に、

「100と200は違うから、もうちょっとゆっくりのペースで泳いでみろ」

「もっと伸びろ伸びろ」と言うんです。

で、こんなに伸びていいの？　って思うくらいのペースにしてみたら、

「それでいい」と。

正直、不安だったんですが「大丈夫大丈夫」と言うので泳いでみたら、タイムは2分25秒台と悪くない。スイマーにしてみると、直前で泳ぎを変えるのは不安がつきまとうものですが、ここでまずコーチの読みの鋭さに驚きつつ、同時に信頼が高まりました。

そしたらその続きがロンドンでも起こったんです。それも準決勝と決勝の間に。100m平泳ぎでは予選、準決勝と通って、決勝には残ったんですが、どちらも1分7秒を切れなかった。このままだと自己ベストが更新できないだけでなく、メダルなんて夢のまた夢。そしたらコーチが、

「ちょっとキックを広く打ってみろ」と。

泳ぎが少し窮屈になっていると感じたらしく、そこで決勝当日の午前中にサブプールで、広めに打ってみたら、その当たりがすごくよくって、進み具合もいい。で、

「どう?」

って言われて、

「いいです」

と答えたら、

「これでいこう!」

と。たいていのコーチは直前の直前は、そういったギャンブルはあまりせずに、とりあ

えずはそのままという人も多いんですけど、神田コーチは違った。

そしたら見事その作戦が大当たりで、決勝の前半は足を広げて打ったら「効いてる効いてる」って感じで、さらにターンしてからは普段練習してるイメージを崩さないように、「うお〜りゃ〜」って感じで隣について行き、タッチしたらランプが3つついて見事に銅！「え⁉」って思っちゃいました（笑）。

翌日からの200mは、100mの延長で、あの時のキックの広さをベースに、それを使いすぎず、しっかり伸びて選考会の時のイメージも加えて行ったら今度は銀。

しかも自己ベストを約2秒短縮の2分20秒台のオマケ付きです。

やはり、変えるってことはリスクだし、恐怖感もつきまといますけど、そうしないと今回は前に進まなかったというか、後は何よりもコーチとの信頼関係ですよね。

神田コーチは、水泳の面でも的確なアドバイスをくださいますし、それ以外の生活面でも、「ちゃんとしたマナーは憶えなきゃイカン」とか、「社会に出たらこういうこともしてかにゃイカン」とか、人としての成長、心の成長のアドバイスもしてくださる。

ある意味、第二の父というか、それくらいの信頼が置ける方なので、本番直前でもそういったチャレンジができたのかもしれません。

## 何よりも自分自身に負けるな！――萩野公介

今回僕がなぜ、初出場で銅メダルが獲れたかというと、思ったよりプレッシャーが少なかった面があると思うんですね。まずは先輩方やスタッフの方から貴重な現場の情報をもらい、ある程度はリアルな本番シミュレーションができてたし、それからこれは考えようですが、前に一度オリンピックに出て、そこで失敗して今度再トライする人たちより、はるかに僕のほうが気楽じゃないかと思ったんです。

同じく初出場でメダルを獲った鈴木聡美さんもそうですけど、ビギナーズラックというか、本当に初めての初めてだから逆に気楽だった……という面も少なからずあるはず。これは振り返ると今からちょうど20年前のバルセロナで、いきなり14歳で金を獲った岩崎恭子さんにも通じるような気がします。

それから僕自身、今回は高いレベルの練習をやり切ったという手応えがあります。故障がなかったのはもちろん、十分身体を追い込めましたし。

というのも僕の場合、昔から練習は一回一回自分自身で目標を立てて、それをこなすという方法を採ってます。コーチに言われたことができないのはしょうがないけど、せっかく自分でここを何秒で泳ぐって決めたのに、それが達成できないのはダメじゃないかと。

　僕は何より自分自身に負けることが一番嫌いなので、それが一番身体を追い込める方法なんです。

　しかも、特に今回は初のオリンピックということもあって、いつもより目標設定をちょっとずつちょっとずつ高めにしてきました。

　それはやっぱり確実に自分の実になったし、4月のオリンピック選考会の時より、力がついている実感もありました。それと泳ぎの感覚も非常によかったんです。

　加えて運もありました。まず400m個人メドレーの予選の時は、前回北京で2位だったハンガリーのラースロー・シェー選手がギリギリ9位で予選落ちしてこれはラッキーだと。

　そして準決勝の結果を見ると、上にはライアン・ロクテとマイケル・フェルプス、さらにティアゴ・ペレイラの3人しかいなかったので、おそらく僕かペレイラのどちらかが3位に入れるだろうと。決勝前は銅メダルの確率は20〜30%ぐらいだと考えてました。

　自分で言うのもなんですが、結構周りも見えていたと思います。それも今回メダルが獲れた理由じゃないでしょうか。

## ファストフードは厳禁？　それとも解禁⁉———小堀勇氣

ファストフードって、やはりアスリートにとっては微妙な食べ物なんですよね。味は濃いめで、野菜は少なく、何より高脂肪食の代名詞じゃないですか？　アスリートにとってどうなの？　って話は毎回あって「いや、そんなの絶対ダメだ」って選手もいれば「好きに食べればいいじゃん？　ストレス溜まるし」って選手もいて、賛否両論なんですよ。

でもトビウオジャパンは10代の選手も多いし、結構ヤバイじゃないですか。だからもしかしたら全面禁止かなと思ってたんですけど、意外なことに放任主義だったんですよ。というのも選手村の食事って普通に口に合うものばかりではなく、時折ジャンクフードが食べたくなる時ってあるんですよ。だから「たまにはＯＫ」って選手もいて、意外とみんな食べてたみたいなんですけど、中でもすごかったのは外舘さん。なんと毎朝ハンバーガーですから。それもかなり堂々と食べてて、結構目立っていたと思います（笑）。

でも外舘さんがすごいのは、リレーメンバーの中で一番ラップタイムが速いのは実は外舘さんってことです。僕は第一泳者で引き継ぎがない分不利ですが、それを差し引いてもベストタイムで考えれば外舘さんが一番上。

だからその時つくづく思ったのは、外舘さんって感覚派なんですよね。いわゆる一般的な理屈やモノサシは通じない。あくまで「自分の感性でいいと思うから食べる」「うまいと思うから食べる」わけで、まさしくアーティストタイプなんですよ。なにしろ試合直前にもポテトとか食べていたみたいですし。

ちょっとマネできないですけどね。でもこの自分本位ぶりは「学ぶべきところあり！」と本気で思いました。

## 歌って踊れる(!?)スイマーを目指します――外舘　祥

僕、基本結構、協調性がないタイプなんです。なんというか、たいていのところでみんながまとまり合っちゃう中、ちょっと孤立しちゃうようなタイプです。

だから最初、代表チームに入った時は、ちょっと違和感がありました。

「別にそこ、一緒にしなくてもいいべや？」

「選手村で食事とか別でいいんじゃないの？」

「練習じゃないんだし、バラバラでやりましょうよ」

みたいに、いろいろ思うところもありまして。しかも僕、北海道出身なんですけど、あっちじゃスイマーとして余裕でトップだったんです。ある程度は自分の世界が認められやすかったですし、実際、好き勝手にやっていました。プライドが折れるってことはまずなかったし、全国大会でダメなことはいっぱいありましたけど、

「僕が伸びるのは高校大学だな！」

みたいな。ぶっちゃけお山の大将ですね（笑）。

でも、やっぱ代表入ると僕なんかは全然中途半端なわけで。これがもっと伸び切っちゃってる選手だと違うんだろうけども、速さも価値観もやっぱ中途半端だから、出る杭は打たれやすいわけです。

だから実際の試合になると、こんな僕でも大人になるところがあって、そこはある意味割り切るというか、

「みんなが黒くするから俺も黒くするか！」みたいな感じです。

それとね、僕は基本的に人に気を使わないタイプなので、例えばこれがジュニアの集まりとかだと、意味なく偉そうにしている先輩とかがいるじゃないですか。誰かれかまわず、「挨拶くらい返せよ！」みたいなオーラで。そういう選手を僕は基本相手にしないから、いつもは無視するんです。けれど、今回代表に来てみたら「アレレ?」、みんな人間的に非常に素晴らしい人ばかりで「僕もなんとかしなきゃなぁ……」という（苦笑）。

後輩にしても、ちょっと速いヤツだとテングになっちゃったりするものですけど、萩野

なんてまるで違うじゃないですか。礼儀正しいし、ノリもいいし、オシャレすぎないし、それでいて練習レベルがハンパじゃない。それで銅メダルでしょ？　そんなのアリですかと。もちろん僕は、「あの後輩すげえ……」とかっていうより、正直、悔しいですけど。

一方、先輩は先輩で、人格がすごいだけでなく成績もすごいし、練習もすごいし、やることやってるし、タイミングいいし、大丈夫かな僕。4年後に本当にこうなれるのかと思ったり……。

でも唯一、それでも自分が誇れそうなものがあって、それは感性の部分。そこにはやっぱりまだみんな気付いてないと思います。

水泳界では手のひらで水を捉えることをよく「水を掴む」って表現するんですけど、これって理屈ではなくって、あくまでも人の感覚なんです。だから、どんなに優れた競泳選手でも一度調子を落とすと何カ月も調子が悪くなって、レースでタイムが上がらず不調に陥ることもあるんですが、それっておそらくスイマーをアスリートの面だけで捉えているからだと思うんです。けど実は、答えはもっと別のところにあったりして。

その点僕、外舘はスイマー＝アーティスト、つまり芸術家だと思っていて、自分の美学を追究しています。実際、今回のロンドン五輪の直前合宿でも、バンクーバーの時はひとりで美術館に行って、ピカソの絵とか見て、「うわ！」とか「おわ！」とか感動したり、他の国に行っても行ける限り美術館で名画と言われているものを見て感性を磨いてきました。

そのほか、日本に帰ってきてからはたまに絵を描いたり、音楽も始めてて歌はもちろんギターも毎日練習して指の腹なんか結構硬くなっています（笑）。そして内緒ですが、今度、大学祭に高校時代の友人と一緒になってバンドを組んで出る予定で、マジメにスイミングと音楽を両立させるつもりなんです。

というか僕にとって〝歌って踊れるスイマー〟はものすごくリアルな存在ですから。全然夢じゃない。実際、陸トレで筋肉つけるのも大事だけど、歌を作るとか絵を見たりすることで、感性の面から泳ぎを進化洗練させればタイムも縮まると思うんです。

いや、かまわないです……笑いたいヤツはどうぞ笑ってください。

とにかく僕は本気でオリンピックスイマー兼ミュージシャンを目指しています。いつの日かプールサイドで、

「4コース外舘君、avex」

って呼ばれたい。カッコイイですよね（笑）。いつかホントにそうなっても、鼻で笑った人にはサインあげませんからね!!

## 魔物の正体は一瞬の心のスキだ――入江陵介

僕は、ロンドン五輪を終えて出演したいくつかのテレビで、自分が背泳ぎ100mの決勝直前で見えた「オリンピックの魔物」についてコメントしました。「ロンドンのプールサイドを歩いている時、4年前にも見えた魔物が一瞬よぎったけど、すぐに消えた」という話です。

実は、あの魔物の正体を今でもずーっと考えているのですが、結局のところ正体はわからず、ただひとつ言えるのは、あれは一瞬の心のスキだろうということです。

例えばあなたがサッカーをしていて、PKを蹴ることになったとして、何かの拍子にふと「なんか外しそうだなぁ……」と思ったりするじゃないですか。そういう、よくある誰もが心に抱える漠然とした不安だと思うんですよ。

実際に不安に本当につけ込まれるかはわかりません。しかし、人が何かアクションを起こそうとする時には、どんなことにも成功と失敗があり得るわけで、単純にそれが難しくなればなるほど失敗の確率が高まり、それと同時に一瞬でもネガティブ思考に陥ると失敗する確率が飛躍的に高まる。それがまさしく負のスパイラルなわけです。

それは彼女にアタックする前に「なんか、振られそう……」って思うのもそうだろうし、受験する前に「俺、落ちそう」って思うのもそうだろうし、走り高跳びする時に「やっぱりバーに触れそう」って思うこともそう。

これの最大の問題は「振られそう」と思った瞬間、あるいは「落ちそう」と思った瞬間、自分のメンタルパワーが落ちて、自信なさげに消極的になり、余計その人に「振られそう」になり、「落ちそう」になるわけです。こうなったらもう止まりません。

サッカーのPKだって、一般レベルでも普通に蹴れば7割以上の確率で入りますが、不安になってギリギリのコースを狙った揚げ句、枠を外すことも十分あるので、一番問題なのはやっぱりネガティブイメージ。まさしく魔物を消すしかないんです。

そのためにはとにかく平常心を保つこと。要するに冷静にやって「いつもと同じじゃん」という心境に持っていくしかないわけで、そうすればPKはもちろん、オリンピックの100mの背泳ぎにしろ、プールそのものは普通のプールと何も変わりないので、まったくいつもと同じ状況になるわけですよ。当たり前ですけど、100mならば100m泳ぐ、200mなら200m泳ぐだけなので、普段通りに100%の力を出すことに集中しておけば問題ないんです。

ただし、そうは言ってもオリンピックはその他の状況が尋常ではありません。観客の数や、カメラの量、注目度が段違いで、さらに全世界にテレビ中継されるので、平常心を保てない場合がある。普段との違いが単純にプレッシャーになってしまう場合があるわけです。しかし、それがなぜ今回大丈夫だったかというとおそらく経験だと思います。僕は、4年前の北京でオリンピックの重圧を知っているし、オリンピックの戦い方も知っていたから耐えられたような気がします。

要するにオリンピックで勝つ、オリンピックでメダルを獲るということは、基本はいかにリアルに本番シミュレーションをし、その結果いかに綿密にリスクマネージメントができるかだと思うんですよ。

普段生活する中でも、あらゆる状況を考え、あらゆるトラブルを考え、あらゆる選手を事前に観察し、あらゆる普段との違いを想像して、決勝のスケジュールにのっとって一度シミュレーションしてみる。

もしも意外な落とし穴があるとすると、レース前の集合場所が違うとか、集合時間が違うとか、ちょっとした運営手順が違うとかそういうことです。実際に、これに関しても、徹底的にシミュレーションし、ひとつひとつリスクを減らすしかありません。

僕は一瞬の心のスキは、そうやってリスクマネージメントで取り去っていくしかないと思っています。つまり、予習復習の〝予習〟を目標をオリンピックにして徹底的に行う。それしか成功はあり得ないいんじゃないでしょうか。

## ジンクスはないのではなく、作れない……——入江陵介

よくスポーツ選手で、

「試合前にはコレ食べる」とか、

「この曲を聴く」とか、

「この色の服で戦う」とか、

「何時間寝る」

とか何するコレするっていろいろあるじゃないですか。いわゆる決め事とかルーティンですよね。実はそういう類いって、水泳選手にはほとんどないです。なぜなら食べ物にしても試合前に「ご飯食べよう」と思うくらいで、肉なのか、パスタなのか、パンなのか、ご飯なのか決められない。そもそも「食べたい！」と思うものに当たる確率が少ないんです。自前でシェフを連れては行けないので。

あまり知られてないと思いますが、水泳選手を取り巻く環境って結構すごいですよ。プールひとつとっても、25mプールのクラブチームや50mプールのクラブチームがあったり、屋内プールだったり屋外プールだったりと、国によっても日本の中でもさまざまです。ちなみに先日行ったオーストラリアの選手用プールは、公園のプールみたいな所で落ち葉が

いっぱいありましたから（笑）。

試合日程にしても8日間の時もあれば、4日間の時もあるし、2日の時もある。スタート時間も午前、午後どっちもあるし、時には一日で予選から決勝までやることもあるので、試合が終わるのが夜の12時を回る時もある。

宿舎も基本ふたり部屋で、ゆっくり自分に合わせて睡眠時間を調整することもあまりできない。だからおそらくマイ枕を持って遠征に行くトップスイマーはいません（笑）。でも今回は現地でマットレスと枕が支給されたのですごく助かりました。

基本は、遠征が多いので何にでも対応できる柔軟な対応力がないと厳しいんです。逆に何かを決めちゃうとそれに縛られちゃって「何がない」「コレがない」って不安になる。僕なんかも音楽は好きですけど、その時に気に入ってる曲を聞くくらいで、「コレを必ず聞く」とは決めません。

そもそも水泳選手にとって一番大切なのは「自分の感覚」です。たまに、「どうすればトップスイマーになれますか」って聞かれることがあるんですけど、いつも返答に困るんです。だってそういうマニュアルはありませんから。とにかく自分の感覚を突き進め、考えてやっていくしかない。

だから元はみんな一緒なんですよね。ただ、僕ら小さい頃から試合をやっていて、そこで学んで、成長していく。実際、スイマーはフォームはみんな違うし、筋トレもする人やしない人がいて、そこに絶対の正解はない。

ただ、唯一言えるのは努力だけは惜しんじゃダメで、怠けて速くなることは絶対ないから、みんな自分で考えて自分流を突き詰めるんです。

だからスイマーって、「自分と向き合うこと」はものすごく上手ですけど、逆に、「人と向き合うこと」は結構ヘタですよ。

選手もいい意味で変わっている人が多くて戸惑うことも多いですけど、ただ悪い人はいないので安心してください（笑）。実際、スイマーに不良はいないっていうのは定説で、ヤンキーはひとりもいませんし、見たことないですから。僕もそうですが（笑）。

## 優れたコミュニケーションが結果を生む——立石 諒

一番最初、やっぱり若い子、特に高校生の女のコとかはものすごい静かで、僕たち年上もまだ距離をとった硬い部分がありました。だから第一次合宿のアイスブレーキングは結構よくて、正直、壁がなくなった……ってほどじゃないんですけど、今度会ったら普通に話しかけようかってぐらいにはなってたんです。

それとキャプテンの松田さんですけど、前からいい人とはずっと分かってましたし、偉大なアスリートだっていうのも分かってたんです。だけど、今回はさらに距離が縮まって、もっとプライベートとか、ぶっちゃけた性格的なことも分かってきて、

「どうやったらメダルが獲れるのか？」

「あの選手、やっぱ出てきたな！」

とか、時には、

「あの子、なんだか可愛くね？」

みたいな会話をするようになったんです。

それとみんなはあんまり想像つかないみたいですけど、僕は同期の入江陵介ともかなり仲良くて、オリンピックが終わった今もたまに一緒に食事に行くし、そもそも陵介ってふたりっきりにならないと腹を割らないヤツなんですよ。そういうところも新鮮でしょ（笑）。でもやっぱり今回のロンドンでの一番の収穫は萩野でしょ！　僕は敬愛を込めて〝オギノ〟とか〝オギちゃん！〟とか言ってますけど（本当はハギノ）。

はっきり言って彼の才能を開花させたのは僕ですよ！　ウソですけど（笑）。

でも、彼のリラックスに貢献できたってのは本当で、というか自分より若い子が頑張ってる姿を見ると、こっちも心底応援する気になれますよね。オギちゃんは400mの個人

メドレーという、タフでなおかつテクニカルな種目の選手だけあって、毎日、誰よりも早くプールに入って、誰よりも遅く上がってました。

だからちょっと休憩が入るとオレンジジュース買ってあげたり、アイス買ってあげたり、一緒にマルチサポート（日本代表のサポート施設）に行ったりしましたよ。

それとテネリフェでの合宿中は、オギちゃんと僕は同部屋だったんでずっと話も聞いてあげてたんです。水泳では確かにスーパー高校生で、本当に一人前ですけど、生活面の話を聞くと、等身大の高校生ですごい可愛いし、恋愛面とかメチャクチャ純粋ですから。

彼にどっかから携帯メールが来て、

「立石さん、これどう返したらいいですかね？」

とか話してくるから、

「おう、これはこう返せ！」

とかね。正直、その文面を本当に使ったか分からないけど、今時のスーパー高校生の素顔が分かってよかったです。

なんていうか、精神面が恐ろしく強いだけでなく、考え方がすごくシンプルで素直なんですよね。決して難解でひねくれた思考回路を持っているわけじゃない。

「スケールがデカい」

っていうのはこういうことだってよく分かりましたよ。実際、狭い部屋で男同士でベッドがくっついてても、布団に入れば1分でスースー寝ちゃいますから。

しかし、僕も銅メダルが獲れてよかったですよ。ヤツだけメダルってことになってたら、今頃こんな話、清々しくできないですもんね（笑）。

あらゆる状況を考え、とことんまで準備し、徹底的に不安を取り除き、しなやかに結果を出した入江陵介

ひとり泳ぐ立石諒。
「努力をしない天才」
なんていない。ただ
人に見えないところ
で頑張っているだけ

メドレーリレーでメダル獲得後、選手村にてホッとひと息つくメンバーたち。ちなみに藤井拓郎はドーピング検査のため不在

大会初日。自分が出場しない時は全力で仲間を応援。大きな声で少しでも力になれるように、背中を押せるように

JAPAN

第一次合宿にて。練習中気付いたことはすぐに、アドバイスは惜しみなく

chapter 07

Japanese Olympic Swimming Team 27

# 考えるということ

## 水泳なら日本人でもウサイン・ボルトに勝てる！――松田丈志

日本競泳陣はなぜ強いのか。実際、オリンピックじゃ1928年のアムステルダム大会から、ほぼずっとメダルを獲ってきてますから。そんな五輪種目はあまりないはずで、そこには明確な理由があります。水泳って、実はメチャクチャ非効率で複雑なスポーツなんです。漠然と「水の中の陸上競技」だと思っている人もいるかもしれませんが全然違う。

相手は水だから、陸上だったら10蹴ったら10の力で返ってくるところが、たいてい1か2ぐらいしか返ってこない。しかもそれが搔いた手の角度とか方向とか、キックの角度とかで微妙に変わる。専門的に言えばものすごく運動効率の悪い種目で、こんなに不自由で難しいスポーツもない。手足の動きは三次元だし、専門的に言うと流体力学も絡んでくるから、水中での速さの理屈もすべては解明されてない。

でも、だからこそ日本人でも外国人に勝てるんです。実際、今回のロンドンでも身長170㎝台の萩野公介が、身長190㎝台の絶対王者、金メダル総獲得数18個のマイケル・フェルプスに勝ったじゃないですか。陸上競技だったらこんなことはまずあり得ないですよ。例えばウサイン・ボルトに身長170㎝の日本人が勝てますか？

要するに水泳は、創意工夫のスポーツなんです。もちろん手脚が長いとか、背が高いとか、筋力があるほうが有利は有利です。でもそれはフォームの改善やトレーニングで十分カバーできる。

実際、競泳では小学校1年ぐらいの女の子が平気で大人の男性に勝っちゃったりするわけです。それってまさしく、水泳において重要なのは筋力や身体のサイズだけじゃない証拠です。もちろん、僕らトップレベルでは重要になってくるけど、絶対条件ではない。一番大事なのはテクニック。そのテクニックを生かすための筋力だったり持久力だったりするわけです。水泳では決してマッチョな人が速いわけではないんですよ。

だからこそ日本人が戦えるんだと思います。逆に言うと、ものすごく繊細で、ちょっとフォームが狂っただけで驚くほど遅くなってしまう場合もある。実際に、強力なライバルが隣のレーンに来ただけで、首をひねる回数が無意識に増えて抵抗が大きくなり、遅くなったりもする。なので、メンタル面もまた非常に重要になってくる。

しかも、泳ぎのメカニズムがこれまた人によってまったく違う。よく「同じ種目の、誰それの泳ぎは参考になりますよね？」とか聞かれるけど、参考にすることが必ずしも自分にいいとは限らない。

例えば今回、平泳ぎで銅を獲った立石諒は同じ種目のキング北島康介さんと合宿等で一緒に練習できたわけだけど、立石が康介さんのフォームを参考にしたかっていうとそうでもない。なぜって体型や筋肉の付き方、動きの質、体質がまったく違うから。ペース配分やメンタルコントロールは役に立つし、フォームも参考程度には見るだろうけど、それをそっくり真似するってことはまずない。

要するに水泳は「自分の感覚」が最も重要なスポーツなんですよ。しかも、種目を超えたタイプ的な違いもあって、見た目からも分かるように僕はある程度筋力トレーニングも取り入れるパワー系だけど、背泳ぎの入江陵介は今のところあまり筋トレをしないナチュラル系。トレーニングの仕方まで含めると、実は別の競技と言ってもいいくらいの違いがある。でも、逆に言うと今年29歳になる僕ですら、いまだに伸びしろがある。最近だと、海外の例ですけど子どもを産んでから復活した40代のオリンピックスイマーなんかも登場した。水泳は非常に複雑で奥が深い。だからやめられないんです。

## ポジティブシンキング！――石橋千彰

今回の800mフリーリレーのメンバーを比べると、僕ってひとりだけ身長が約20㎝ぐらい違うんですよ。確か小堀と外舘は身長184㎝ですよね。それにひきかえ僕は168㎝なんで正確には16㎝差っすよ。

でも、別に負ける気は全然してないんすよ。その分、高校時代からちゃんと積み上げてきたものがあるし、僕は僕でその積み上げてきたものを信じるしかないんで。

水泳って身長あんまり関係ないじゃないですか。問題は効率なんですよ。腕のストロークにしても、ちょっと水を掻くポイントがずれただけで効率がものすごく変わってくる。逆に身体が大きければ大きいほど、器用さに欠けるっていうか、応用が利かないし、自由度がない。そういうことって水泳では確実にあると思うんです。

最終的なポイントは柔軟性とかやっぱりそういうものだと思ってて、それ以上に水泳っていうのは、なんだかんだ自分が努力したものが素直に表れるスポーツだと思うんです。

僕の九州の先輩に酒井志穂ちゃんっているんですけど、元々すごい仲良くて、志穂ちゃんもそんなに身体が大きくなくて、でも世界新を出して世界一になった人なんで、これだけ身近な人がなれるなら、僕も絶対になれるって信じられるんですよ。やっぱりなんだかんだで同じ人間じゃないですか。

実は今回僕、ジュニア時代を含めて日本代表に入るのって初めてなんですよね。本当の白紙で、今回そういうのって僕だけなんです。他の人はジュニア時代に一度は入ってて、でも僕自身は「初めまして」な人が多くて、うわ、なんかすごいところに足踏み入れちゃったなって感じで、そこは正直戸惑いました。

確かに高校ぐらいからこういう舞台に出られるなら出るに越したことはないし、その経験はその人の水泳人生に大きくプラスになっていくとは思うんです。具体的にはその人が将来苦しんだ時、前はこうだったって思い出せるし、ひとつのノウハウになる。

それが僕の場合、逆なんです。確かにサンプルがなくて大変なんですけど、考えようによっちゃ恐れるものがないわけで、僕はチャレンジャーなんでそう考えるほうが気楽かな（笑）。

それに元々僕は高校の時に２０１２年と２０１６年のオリンピックは絶対に出るぞ！って自分で決めてたんですね。でまあ、最初のオリンピックでできれば決勝とかに残って経験を積み、さらに次の２０１６年のオリンピックでは絶対に世界一になる！って予定してたんです。で、今回のロンドンは残念ながらギリギリ決勝に行けませんでしたが、一応9位に残ったし、ある程度は予想通り。想定内です。だから今はようやく始まった自分の水泳人生にワクワクしてるんです。

皆さんも4年後を期待しててくださいね、この石橋千彰を（笑）。

## 水泳は人間形成の道なり――金田和也

僕のコーチがずっと「水泳は人間形成の道なり」って言ってるんですよ。これはそもそもコーチが昔、お世話になっていた大先生から受け継いだ言葉のようで、水泳を通じて泳ぎで速くなるだけでなく、対人関係だったり、その人自身の心の強さだったり、人の行くべき道っていうのを作りなさいっていうことで、僕は今回のトビウオジャパンはロンドン五輪を通じて、それがある程度達成できたんじゃないかと思うんです。

ひとりでは耐えられないような厳しいチャレンジがあっても、そこをみんなで声をかけ合うことで乗り越えたり、さらに自らに厳しいトレーニングを課してそれを突破することで、自然とみんなが人として助け合って、高め合う関係ができた。

というのもウチ、今時あり得ないくらいの水泳一家なんですよ。おじいちゃんが東京オリンピックの委員をやってて、その子どもである僕の母親はアジア人女性で初めて100m自由形で1分を切って、その時のアジア大会で金メダルも獲って、さらにモントリオール五輪に出てリレーで7位に入った女性。そのほか親戚も全員ウチのプールで働いてるんです。

でもそういう母親なのに実は大の水泳嫌いで、今も幼児は教えてるけど選手コースは、

「ツラすぎて見られない」

って言ってて、いわば金田家では水泳は昔から修行であり、苦行なんです。僕自身、小さい頃から水泳の出来が悪くて、水泳が嫌で嫌で何かと逃げてましたから。

でも、小学校でやってた野球を中学に上がる時に強引に水泳に転向させられて、中学新記録とか出して、高校でやっと水泳が面白くなりだした頃に、高3でヒジを粉砕骨折したんです。しかも体育祭で（苦笑）。以来ヒジが伸びなくて、4年間結果が出なくって、それでいてよく自分でも水泳を続けたと思いますけど、それって周りの人に支えられたと同時に、水泳の不思議さっていうか面白さから逃れられなくなってたからなんですね。

これは僕のおじいちゃんの口癖なんですが、「水泳は考えるスポーツ」であると。水泳は結果が出た時が終わりではなく、むしろそこからが始まりであって、頭を使いながらどんどん追求していくものなのだと。練習ひとつにしても「なぜ」というのをすごく重要視していて「常になぜ速いのかを考え続けろ」と言われ、ドルフィンキックひとつにしろ、この選手がやると速いのに「なぜ自分はそこまで行けないのか？」、あるいは陸トレが当たり前のように行われているが「なぜ今陸トレが必要なのか」とか「やらなければどうなるのか？」と両方から「何で？」というアプローチをかけることによって本質を導き出すとか、そうやってとことん考えろと言われ続けてきたんです。

実際、僕もなぜ伸びないヒジで、水を摑む感覚もなくなったのに、タイムを伸ばせてきたかっていうと、その分水泳を考えてきたし、具体的には腕の代わりにドルフィンキックを使い始めたからなんです。

その発想の転換ってひょっとするとおじいちゃん譲りかもしれなくって、僕のおじいちゃんって本当の水泳バカで常に水泳のことしか考えてないから、例えばテレビで野球を見てるじゃないですか。すると突然、僕に電話かけてきて、

「バッターがこういう身体の使い方、筋肉の使い方をやってたから水泳でもやってみろ！」

って言うんですよ。でもその理論が難しすぎて分かんなくてその時はハチャメチャなんですが、後から考えると意外と水泳の最新理論と似通ってたりして、侮れなかったりするんです。

要するに水泳って、実はいろんなところにつながってて、苦労がちゃんと身になるスポーツだし、いろんな人ともつながるし、いろいろ背負った人がちゃんと活躍できるスポーツなんです。

今回、オリンピックに行けた選手も、いろいろ背負う者だったり、支えてくれる人が多かったりって人が多いし、実際、今競泳界で活躍している選手を振り返ってみると、地味な練習をコツコツやり続けた本物ばかりですよね。

逆に言うと今、4年前の高速水着で恩恵を受けた人ってあんまり残ってないんです。あれでいきなりタイムが3秒ぐらい上がった選手がいて、僕なんかはむしろランキングが2位から9位に下がってやりきれないことも多かったんですが、同じような境遇だった入江

陵介にしろ丈志さんにしろ、コツコツ練習をやり続けてる。実は自己ベストがなかなか出ない中で練習を重ねるって大変キツいんですが、今回オリンピックで活躍した人ってそういう選手ばかりですから。

高速水着に踊らされず、ちゃんと練習を続けてた人ばかりで、それは「水泳が人間形成の道」だからなんですよ。

水泳には苦行に近い部分があり、深い思考が必要になってくる。ゆえに本物しか残れない。だから日本人に好まれるのかもしれませんね。

## 遅咲き美帆の大器晩成宣言――高橋美帆

私、元々鈍くさいんですよ。鈍くさいうえに失敗ばかりして、よくコーチからも、「そこは違うでしょ！　こうやるんだから、もう」みたいな（苦笑）。

基本、すっごい不器用なんです。ただ、どうしてオリンピックに行けたかっていうと、コツを掴むまでに時間はかかるんですけど、一度できちゃえば大丈夫というか、そしたらみんなにも負けない。それは泳ぎもそうだし、生き方みたいなのもそうで。

その分、今まで人に助けられてきたって実感はものすごくあって、いろいろ可愛がられてきたし、本当に周りの皆さんのおかげです。最近でも同じ大学の堀畑裕也さんにもすっごい迷惑かけたし、イライラさせたと思うんですよ。裕也さん、私とは正反対のタイプで器用で、飲み込みが早くて、すぐにタイムが出るし、ちょっと言えば何でもできちゃう。コーチにもよく言われましたよ。

「裕也を見てからお前を見ると、ため息が出る」と。

でも叩かれ叩かれ進むのが私だし、今までずっと小学校から2学年上の田井中千加さんに憧れてきたけど、ゆっくり近づいてきてるのは感じます。

それと今回のオリンピック、すごい勉強になったんです。皆さんとにかく水泳にかける想いがすごいっていうか、オリンピックにかける想いがハンパじゃないんだなって。パンパシフィックとかとは全然違う。

練習は自発的で、カリキュラムとか自分で作るし、一部コーチより超えて考えている方もいらっしゃいます。メダルに対してもより具体的で、高校生メダリストの萩野君にしても厳しい練習を淡々とこなす。

それと高地のフラッグスタッフでは星奈津美さんと1カ月間一緒だったんですけど、奈津美さんも淡々と練習を自分のイメージでこなされてる。「言われたから」ではなく主体的なんですよね。

今回の私は成績もよくなくて、そういう意味では全然ダメでしたけど、先輩方の練習を見てたら、まだまだ私にもできることはたくさんあるんじゃないかなと。実はオリンピックが終わった後のほうがものすごく考えるし、感じることがありますね。

例えば、２０１２年は一度ジャパンオープンで体調を崩してしまって、そこから全然ダメだったんですね。５月はずっと体調が悪くて、３回も熱中症になった。でも今、振り返って思うと未然に防げたし、ちゃんと、

「すいません、体調不良になっちゃいました」

って休んだほうがよかった。当時はそういう判断が自分でできてなくて、オリンピック前だからとにかく休んではいけないと。

でも、やはり決断すべきだったし、オリンピックが終わってからは、普通にそれがコーチに言えるようになりました。そして何より練習が楽しくなってきました。

例えば9月の岐阜国体が終わってから、練習が始まった時に、今まで苦手だった自由形のストロークを少なくしてみたんです。今までは50ｍで50回ぐらい掻いてたんですが、アドバイスももらって45回にして。それでも本当は多いんですけど、あえて徹しようと。

そしたら最初1分2秒台が1分9秒台になって、イライラもしましたが、それでも楽しくて1週間続けたら、今までと変わらないタイムで泳げるようになってきて。

自分を客観視できるようになってきたというか、セルフプロデュースできるようになってきて、今まではガムシャラに言われた通りに練習を終わらせることで精一杯だったんですが、これからは違う。堀畑さんともタイプは違うしもっと自分に合った練習をしようと。

ロンドンの時も、自己ベスト出して日本新で決勝が目標で「ハードル高いか」とか思ってたんですが、世界で見ると全然！

「日本新」なんて言ってられないんだなって。観客席で見てても「女性で59秒で来るの？」「1分切るの？」って。それから今まで個人メドレーは、「平泳ぎで抜けるからいいや」みたいなセコイ計算をしたけど、世界見てたら、「それじゃダメじゃね？　平泳ぎでも追いつけない。全部やらなきゃ」と。

でも私は遅咲きですし、成長中ですから。今は、それが楽しいんです。

## 日本代表にはお手本がいっぱい──高野　綾

ジュニアの代表には何回か選ばれてたし、少しは慣れてたんですけど、シニアの代表は初めてで、最初、自分がなじめるかどうかが不安だったんですね。そしたら、上の人がすごい下に気を使ってくれて、私たちが意見とかを言いやすくしてくれて、ものすごくやりやすかったです。中でも特に話しかけてくれたのは伊藤華英さん。私と内田美希と一緒のリレーチームだったんで、練習もずっと一緒だったし、その前の壮行会とかで最初に会った時から、何かあるたびに、

「大丈夫だよ」とか「気にしないで」

って気にかけてくれました。

私って練習が弱いっていうか、華英さんとか（松本）弥生さんにまるでかなわないんですよね。例えば10本を全力で追い込む練習の時、私、調子が悪いと7本目ぐらいからバテてタイムが上がらなくなってくるんですが、先輩たちはそこからが速い。私はどうあがいてもまるで進まない状況なんですけど、そういう弱さがみんななくて、そこからさらに詰めてくる、だから本当に強いな……って思って。すごい人は練習からすごいんだなって思って。ラップタイムだけじゃない本当の強さって、こういうところに出るんですよね。

だからなんていうのか、器が大きいっていうか、大人ってこういうことなんだと思いました。周りが見えて、気が使えて、自分でやるべきことができて、遊ぶ時はメチャクチャ遊ぶ！　それでまあ、メダルなんか獲れちゃったりしたら、言うことないんでしょうけど、そうでなくともオリンピアンはすごいし、それ以前に大人力とはこういうことなんだと思います。私もこうなりたい。そう、素直に思えましたから。

chapter 08

あの怪物フェルプスに勝ち、銅メダル。トップバッター萩野、お見事

Japanese Olympic Swimming Team 27

# 誰かのために

# 先手必勝！　水泳はチームスポーツだ――萩野公介

　これは藤井拓郎さんが言ってたことなんですが、今回のトビウオジャパンの成功は、図らずも「競泳がチーム競技である」ことの証明になったと思うんですよね。

　なぜなら自分で言うのもなんですけど、初日にメダルを獲ったことが全体の好成績につながったと思えるからです。例えばサッカーの場合、先取点を取ったチームが7〜8割方勝つと言われているように、競泳も初日にメダルを獲った国が明らかに有利。なぜって「アイツがやれたならオレだって！」と思えるからです。それは水泳がメンタル勝負であると同時に、国同士の戦いでもあるからで、いきなり最初に日本人が活躍すると「おお、トビウオ行けるじゃん！」ってなるわけです。やはり競泳はチームスポーツなんですよね。

　ところが、現実的にここ何回かのオリンピックでトビウオジャパンが初日にメダルを獲ったのは、シドニー大会の田島寧子さんぐらい。さっき調べたんですけど（笑）。

　つまり、今回のトビウオの成功は、初日の成績、要は個人メドレーにかかっていたわけで、それはまさしく男子でいうと僕と堀畑さん！

　僕らは野球でいうところの一番バッターであって実際、上野監督には何回も「頼むぞ！」とか

「これはマズイっす。初日が大切だから」

と言われ続け、あまりのプレッシャーに堀畑さんと顔を見合わせて「頑張りましょう」と言い合ったのを憶えてます。

実際あの日は、自分自身メダルを獲りたいと思う以上にそっちでしたね。だから3番でボードにタッチした瞬間は、自分の喜び以上に「これで勢いつけられたかな」って思ったほど。まさしくサッカーでいう先制点であり、野球でいえば一番バッターでセンター前に弾いた気分ですよ。

そこで調子に乗って、今回のトビウオジャパンを勝手に野球チームに見立てて打順を考えてみました（笑）。まず1番は僕、萩野ですよね、運も味方につけまして（笑）。で、4番に北島康介さん、5番に松田さん、3番に入江さんで、立石さんは……2番ぐらいかな？あとは6番あたりに拓郎さんに入っていただいて、そこからは監督となる皆さんのチームプランでご自由に考えていただくとして、とにかく新人の分際で勝手に打順を決めさせていただきましたが、しかし、水泳も野球もケンカも随分似てるんですね。まずは「先手必勝」とは。つくづく心理戦ですね、スポーツは。

ホント、勉強になります！

## 北島康介の本当のすごさとは?——寺川 綾

実は私は彼を、「キング北島」「アスリート北島康介」としては見てないんです。ただのひとりの人として、友達として、先輩として見てるつもり。だからアスリートとして、何かを吸収しようとか、盗もうとか、そういうことは特に考えてなくて、もちろん、それは尊敬しているいないとは別次元の話で、それは松田丈志に対してもそうだし、伊藤華英に対してもそうで。彼自身も私たちみたいな昔からの仲間の前ではまるで「キング北島」ではなく、単なる「北島君」で、見せる姿も言葉も、変わらないですからね。

とはいえ今回はすごいというか、一番彼らしいと思ったのは、メダルが獲れなかったことに対して、一切の言い訳も、「ゴメン」という言葉もなかったこと。なんていうかそれが普通だし、あるべき態度だと思うので、改めて純粋なアスリートとしての心を持っている人だと思いました。いいこともよくないことも素直に受け止められる人なのだと。

だって、一番悔しいのは本人のはずじゃないですか、間違いなく。で、康ちゃんの100m決勝が終わった翌日、私の100m背泳ぎ決勝があったんですけど、彼、なんと控え室で私がレースを終えるのを待っててくれて、プールから上がってそこに行ったら、パッと抱き上げてくれて、「本当によかったな〜」って言ってくれるんですよ。思わず涙が出ちゃって……。

なんかね、私がこの4年間、いや8年間苦労しているのをずっと知っている人で、しかもメダルを獲る大変さを一番知る人でしょう。もうそれだけで報われた気がしました。それに、そこでツラい想いをしているのは、絶対彼のはずなんですよ。なんせ彼は「キング北島」なんだから、金メダル4個の絶対王者なんだから。

それがわざわざ後輩を控え室で待って、全身で後輩を称えてくれるだなんて。私も、

「次はまた康ちゃんの番だよ」

って言ったんですけど、やっぱりコンディションが整ってなかったのかなぁ。

でも、そんな状況でも一生懸命トップであり続けようと、ロンドンでは平井先生に自ら頭を下げてまで、指導を受けに行ったりしている姿を見て、ああ、これぞ北島康介、「キング北島」だと思い知らされました。

アスリートとして人としてあるべき謙虚さ、貪欲さを見せてもらった気がしました。もしかして、それが私の現役続行の決意にもつながったのかもしれません。

改めて、本当にありがとうございました。

# 期待を力に変えるということ——加藤　和

私の実家、福島なんです。ただ福島市だから3・11の時も津波の直撃はなくて、そこは安心だったんですけど、やっぱり放射能……見えなくて怖いじゃないですか。しかも、私だけ2年前に家族と離れて単身、山梨学院大学に水泳留学しに来ているので、なんだか自分だけ逃げたみたいに感じてしまいまして。

そんな調子でしたから3・11直後の世界水泳に向けた、2011年4月の日本選手権は本当にボロボロでした。結果は当然、代表には選ばれず……。

もちろん、両親は「大丈夫だよ」と言ってくれてましたが、あの頃、国の言うことはまるで信用できなかったですし、祖母も電波塔の近くに住んでて、原発が爆発する前に避難できたのはいいのですが、しばらく避難所で生活した後、実家に移ったなんてことは、ほとんど教えてくれなかったんです。私が選考会の直前ということもあって、余計な情報を入れて心配をかけたくなかったらしいんですね。

でも、そうは言ってもニュースはテレビやラジオからどんどん流れてくるし、

「大丈夫、心配しないで」

と言われても気になるじゃないですか。特に……放射能は見えませんから。アレが知ら

ず知らずに漏れていて、万が一でも、両親やおばあちゃんの身体を蝕んでるとしたら、本当に、気が気じゃなくって。

「今なら山梨にも家があるし、早いところこっちに来ればいいのに！」と思っていました。ただ、母は特別支援学校教諭、父は小学校教諭なので、そういうわけにはいかないのもわかるんです。絶対に自分のことより生徒のことが優先という、両親ともに昔からそんな性格ですし。

でも、その後の5月のゴールデンウィークに、みんなは山梨で練習してましたが、私だけ特別に福島に帰らせてもらって、実家で家族に会ったら少し安心できて、そこから徐々に「またやろうかな」って本気で思うことができました。

すると、その年に行われたユニバーシアードの200m個人メドレーで優勝、続けざまに国体の同種目でも優勝することができまして。そこからです、私が今までにない一体感を感じ始めたのは……。

というのも福島からの反響がこれまでとは全然違っていたんです。今までも国体優勝はありましたが、とはいえ大学生になってからは初めてなので自分なりに、

「よし、やった！」

とは思っていましたが、福島の方たちの目の色が違う。マスコミの取り上げ方からして

尋常じゃないし、実際に喜んでくれてる方々の興奮度が普通じゃないんです。まさしく、

「福島のためにやってくれた！」

「希望の火が灯った！」

という感じで、その時に初めて、自分の活躍が直接他人のモチベーションとなり、一気に伝播して、燃え広がることがあるということが分かりました。私はあっけにとられて、

「もしかしたら戦後、日本を勇気づけた名選手、〝フジヤマのトビウオ〟の古橋廣之進先生なんかはこういう感動を味わっていたのかなぁ」

などと思っていたほどで。

もう、みんな必死なんです。日々震災の復興で苦労しているからこそ、より同胞の頑張りというか、活躍をリアルに自分のことのように感じることができるし、自分の糧や喜びにもできる。私はこの時初めて、

「人の応援を力に変える」

ということを学んだ気がします。今までも家族や地元からの応援は嬉しかったですけど、すべては分かっていなかった。まだまだひとりで泳いでいる気分も残っていましたが、今は違う。私と一緒に福島や山梨の人も泳いでいるし、私の喜びはみんなの喜びであり、私の苦しみはみんなの苦しみなんです。もちろん大変は大変ですけど、素直に頑張ろうとい

う気になれました。

肝心のロンドン五輪ですけど、正直感覚はずっとよくなくて、一度痩せた体重は元に戻ったんですが、感覚がどうにも戻ってこなくて、タイムや結果については悔しかったんですけど、諦めずにずっとやれたのはよかったと思います。メンタル的には全力を尽くしたし、頑張り続けたと胸を張って言えます。

## ボンバー流、気配りのススメ――鈴木聡美

スイマーも人間ですから、なかなかあの人とは合わないとか、会話が続かないこととかってあったと思うんですよ。でも、選手村の雰囲気も盛り上がってて、競泳陣も「頂点を目指すんだ」という意識が、どんどん高まっていたので、そういうことがだんだん気にならなくなっていった気がするんです。

気配りというか、試合中の決め事にしても、絶対に先輩を気遣わなきゃいけないという前に、その日出場する選手をまず第一優先に、という感じだったので、「明日はあの子たちのレースがあるから、今日は早めに寝よう」とか、そういう感じでした。

一方、そういう日にレースがあった人は、私なんかもそうでしたけど、決勝に進むと、

部屋に帰るのが夜11時とかかなり遅くなったりする。そういう時はなるべくガチャガチャ音を立てないでお風呂に入ろうとしたり、そーっと布団に入ろうとしたりして、それでもどうしても起こしちゃう時もあって、

「すいません、起こしちゃいましたか？」

と言うと

「気にしなくていいよ、おやすみ」

とか言ってくださる先輩もいて、本当にそういった気配りはみんなすごかったです。

控え室もその日にレースのある人が中心で使うと選手全員で決めてあって、練習したい人は別の場所を使ってストレッチとか身体のケアをし、個人練習は昼休みの間に済ませ、日本選手のレースがある時は必ずスタンドに行って一生懸命応援する。そういう決まりがあったんです。

でもそれって選手たちの意思で決めたことだから、みんな率先して守ってたし、その証拠に皆さん声かれまくりでした（笑）。

なんていうんでしょう、まとめ役の先輩方がいて、盛り上げ役の同期がいて、さらに可愛がられる後輩もいたりして、みんなすごい個性的なキャラクターが揃っていたんですが、今回はその個性が悪いほうではなく、いい方向に出たような気がしますね。

# やっぱり、打席には立ちましょう！――藤井拓郎

あらかじめ断らせていただきますけど、これはオトコ一匹水泳バカ！　藤井拓郎の単なるタワゴトであります。いや、夢想と言ってもいいでしょう。つまり、いうなれば人類地上最速決定戦とも言われる陸上の１００ｍや４×１００ｍの決勝で、ウサイン・ボルトやマイケル・ジョンソンと並ぶ日本人を見たい！　の水泳版のようなガキっぽい夢であり、願望であります。なにとぞこのページはそこのところを差し引いてお読みいただきたい！

というのも、今回大成功を遂げた我がトビウオジャパン！　最大にして唯一残念な点は日本水泳界の悲願である４×１００ｍリレーに、実は出場資格がありながら出なかったことにありますぅぅぅぅ（涙）。

ご存じの通りってか、あまりご存じないと思いますが、やはり競泳の華は男子１００ｍ自由形です。現在、世界記録はなんと46秒91で、高速水着時代を除くと今回のロンドンに向けてＪ・マグナッセンがオーストラリアの国内選考会で出した47秒10が最速。さらにそれを４人でつなぐ４×１００ｍの４００ｍフリーリレーが、な、なんと3分8秒台。ぶっちゃけコイツらサカナっす、人のカタチをしたおサカナさん（笑）。

ちなみに日本記録は個人では私、藤井拓郎の48秒49で、４００ｍフリーリレーは3分14

秒73！　えーっ結構離れてるじゃん！　と言うなかれ。この差はだんだんと縮まっております。その証拠に、２０１１年の上海世界水泳では私、藤井拓郎を含む４人のメンバーの頑張りでトビウオジャパンは世界9位を獲得！

同時にこれはロンドン五輪の４００ｍフリーリレーの出場資格にもつながっており、12位以内ならば無条件で出られる。つまり、黙ってても日本ならトップの４人を派遣すれば予選には出れちゃったわけです！

しかし、ご存じの通り、日本人は残念ながらちょっと冷めてます。つまり……やっぱり……その……こう言っちゃなんだけど、４×１００ｍリレーはたぶん出られてもいきなりは優勝争いに絡めません。つまり今回、私たちがコーフンをお届けしたメドレーリレーみたいな状況には、すぐさまならないわけですよ。それは正直に認めましょう。

よって今回のジャパンは、実はＩＯＣ側から「出られるんですけど！」ってお声がけがあったにもかかわらず、あえて専門選手を揃えての出場を辞退。もうちょっと可能性のある４×２００ｍの８００ｍフリーリレーの選手を優先させた。つまり４００ｍフリーリレーには、小堀君とか外舘君とか石橋君のような８００ｍフリーリレーの選手に、その前哨戦のような形で出てもらおう！　初戦は緊張するからちょうどいい練習になるよ……的な作戦に出たわけですよ。

ところがどっこい、実はロンドンに来てみると800mリレーのふたり、外舘君と石橋君が400mリレー用のオリンピック標準記録Bを切ってないことが判明。ついに本当に出られなくなってしまったという……うぅ(涙)。

まあ、来てみて条件をクリアしてないのが分かったのは残念だけどしょうがないし、400mリレーを800mリレーの前哨戦代わりに使うアイデアも分からなくもない。ただ私が非常に残念なのは最初っから、

「日本人に100mおよび4×100mリレーは無理」って決めてるところにあるんです。

確かに100mが難しいのも分かるし、日本人が不利なのも分かる。しか〜し、今はタイムをどんどん伸ばしているし、そもそも水泳の醍醐味は柔道よろしく、体型のハンデを技術で補える部分にあるわけですよ。まさに柔よく剛を制す！　北島康介さんが平泳ぎで自分よりデカいブレンダン・ハンセンを抑え続けたように、その可能性は残っている。

しかもここ数年、日本水連は「自由形強化！」という方針を打ち出して、合宿とかも始めたわけじゃないですか〜。自由形スイマーなだけでなく、自由形オタクの藤井拓郎としてはいったいなんで？　って感じですよ。

さらにこういうムードはジュニアにも大きく影響を与え、最近100m自由形で速い選手を次々200m自由形に転向させるケースが多々あるって聞いてます。ただでさえ限り

ある１００ｍの才能に、さらにフタをしてしまうとは、な、なんということ〜!!

何よりこの資格があるのに出ない……ってのはまるで打席に立てるのに、あえて行かないバッターのようじゃないですか。

確かに経験は浅いし、三振するかもわからない。でもね。ヒットを打つためには、まずは打席に入って経験を積まなきゃいけないし、何よりもそこが第一歩なんです。

あのイチローだって10回に7回は凡退するんだし、まずは１００ｍ自由形で勝つ、あるいは好成績を出すためには、何よりも出られる試合、特にトップクラスの試合には欠かさず出なきゃダメですよ。

特に４００ｍフリーリレーは、飛び込みが3回ある分、単独の１００ｍよりギャンブル性に富んでいるし、そのギャンブル性の醍醐味はやはり現場に立ってみないと分からない。ましてや五輪本番の現場ですよ!!　しかも世界ランク9位なんだから、ベストメンバーで臨めば十分決勝に残れるチャンスはあった。

繰り返します。私、いち水泳オタクの藤井拓郎に１００ｍ自由形の夢を見せてください。せめて打席には立たせてください。お願いしますっ!!

個人ではメダルを獲れなかった北島康介。けど、これで終わったわけじゃない。心の炎はまだ消えていない

JAPAN
London 2012

応援のため早い時間から、観客席の場所取り。仲間の力になるために、それぞれができることをひとつずつ

chapter 09

ファンから贈られた選手全員の似顔絵色紙。どれが誰だか分かるかな？

Japanese Olympic Swimming Team 27

# つながる心

## スクープ！ 手ぶらで帰らせるわけには……は2度目だった——松田丈志

今回、僕が最終日の男子メドレーリレー決勝の後に言った「康介さんを手ぶらで帰らせるわけにはいかない」はありがたくも、2012年新語・流行語大賞のベスト10に選ばれ、スギちゃんの「ワイルドだろぉ」に続いて皆さんに愛されたわけですけど（笑）、あれってやっぱり日本人独特の美意識であり、同胞愛なんですかね。

というのもその後、ものすごく驚いたことがあって、ロンドンから帰って日本水連のパーティに出た時、戦後まもなくの頃に〝フジヤマのトビウオ〟と言われた伝説のスイマー、古橋廣之進さんのライバルだった橋爪四郎さんがいきなり呼び止めて、

「おう、松田君。メドレーリレー決勝後のあの言葉はすごくよかったぞ」

っておっしゃるんです。

「え、なんでですか？」

と返したら

「1952年のヘルシンキ五輪の時、俺たちは〝古橋を手ぶらで帰らせるわけにはいかない〟を合言葉に頑張った」

って言うんですよ。

「ええ〜？」

って話じゃないですか。つまり、あの言葉を日本の競泳選手が使ったのは、２度目だったんです。それもオリンピックで。

というのもヘルシンキの４年前に行われた第14回ロンドン五輪は、戦争責任で日本が出られず、全盛期真っただ中の古橋さんたちは悔しくも出場できなかった。

橋爪さんは以前お会いした時も、

「いまだに〝ロンドン五輪〟って聞くと腹が立つ！」

って真剣に怒ってて、

「ええ、まだですか？」

ってその執念に驚かされたけど、なかでも残念だったのが古橋さん。

当時、世界記録を30回以上も更新し、それもタイムを何十秒と縮めた古橋さんは、それこそオリンピックに出ていたら金メダル間違いなしだったわけだけど、そのチャンスすら与えられなかった。

実際、当時ロンドン五輪決勝とちょうどタイミングを合わせて行われた日本選手権で古橋さんは、当時の金メダリストに圧倒的な差をつけて４００ｍ自由形と１５００ｍ自由形を泳いだわけですから。

でも、4年後のヘルシンキ五輪に出た時、古橋さんは2年前に赤痢にかかった影響もあって、全然タイムが伸びずに個人種目はメダルなしで終わった。だけど、チームメイトの橋爪さんたちはどうしても古橋さんにメダルを持って帰らせたくて、直後の800mリレーのメンバーに古橋を選べと監督に直訴。その時の合言葉が「古橋を手ぶらで帰らせるわけには……」だったそうです。

そこで古橋さんがリレーメンバーに選ばれていたら、古橋さんがメダルを手にすることができたわけですけど、結局、古橋さんは選ばれず、あれだけ素晴らしいスイマーだったのにオリンピックのメダルを手にすることができなかったんです。その決定を橋爪さんは今も悔やんでおられました。

僕はその時、ただただ驚いて聞いていただけですが、今考えると、改めて日本競泳陣はこんなにも昔からつながってたんだなと思って。しかもマインドが今の僕らとほんと同じで。同じスイマーとしての競い合う気持ちと尊敬し合う気持ち。きっと当時の橋爪さんたちにとって古橋さんは、僕らにとっての康介さんと同じ存在だったんですよね。

「偉大なスイマー北島康介に、偉大なスイマー古橋廣之進にメダルがないなんていやだ！」

と思ったからこそ、

「手ぶらで帰らせるわけにはいかなかった」

んですよ。それが実現できて、僕らは本当に嬉しかったです。

改めて僕たちは世代を超えて水泳を愛したひとつのファミリーなんだって思いました。

## 分析することの大切さ、チーム力！――上田春佳

水泳選手ってなんだかんだよく周りを見てるし、水泳大好きで他の選手のこともよく知ってるんですよ。

たいていは自分の種目以外のレースも見てるし、分からない選手のことはなんでも調べます。本来、大会に入ったら自分のレースに集中し、泳ぐ以外は早く宿舎に帰ってなるべく身体を休めるべきなんですが、私は同じチームの寺川綾さんや加藤ゆかさんの試合は、やっぱり生で見て帰りたいと思うし、結局そうやって待ってると綾さんと同じ背泳ぎの入江君の泳ぎまで見て帰ろうとか、なんだかんだで最後まで見て帰るようなことになります。

そんな私たちの中でも特に水泳に詳しいのは、藤井拓郎さんでしょう。彼は代表チームの戦略家だと思います。

実際、男子のメドレーリレーの時は北島さん、松田丈志さん、入江君に拓郎さんの4人で予選を泳いだ後、拓郎さんを中心にみんなでレース分析をしてたようです。そこで「引

き継ぎの反応が遅い」とか「飛び込みで横向いた」などと意見の交換が行われていたそうです。これを元に修正したことも、銀メダルにつながったひとつの要因だと思います。

女子のメドレーリレーでも、予選レース後にみんなで分析をして、その反省点を決勝に生かすことができました。もちろんそこには、選手をサポートしてくれるスタッフの力もあってこそですし、本当に水泳ってチームスポーツですよね。

## 北京はひとりでした……でもロンドンではひとりじゃなかった——加藤ゆか

今考えると……北京は結構ひとりで戦ってましたね。もちろん仲のいい先輩や仲間はたくさんいたのですが、初めてということもあり、あまりに緊張しすぎて、当時の記憶がまるで飛んでるんです。記憶がないんです。私は北京で個人種目1回、リレー2回の合計3回泳いでるんですが、唯一憶えているのはリレーをちょっと。個人の100mバタフライの時は緊張しすぎて、スタート前に名前を呼ばれた瞬間しか憶えてません。それくらい孤独感は強かった。今考えるとあれだけ練習してきたのに、自分のレースがまるでできなかったのがすごい悔しい……。

比べるとロンドンは、全然孤独じゃなかった。ひとりで泳いでるのに、なぜかひとりじゃないと思えました。みんながついてる！　って自然に思えたんです。

だからレースのことはよく憶えてるし、試合運びも憶えてます。それはスタンドで一生懸命に応援してくれてたおかげもあるし、なんでかはよく分からないけど、やっぱりそれまでに積み重ねてきたみんなとの絆とか、そういうことなんだと思います。

とにかくみんなで一緒にいた時間がすごく長かった。選手ミーティングをいっぱいやったし、選手同士もよく話し合ったし、時間にして北京の10倍なんてもんじゃない。もしや100倍？　ってくらいやりました。中身もすごく濃かったし。

お互いが今回の五輪で「何を目指しているのか」「何が課題なのか」「どういう練習をこなしてきたのか」だけでなく、「どういう食べ物が好き」で、「どういう音楽を聴き」「どういうタイプの人が好きなのか」……ロンドンの仲間は、そんな一見どうでもいいことまで知っていました。あの時は、そこにどんな意味があるのかなんて考えたこともなかったけど、実は意味があったんですね。終わった後にそれがよく分かりました。

それに基本私、すごい緊張しいなんです。でもロンドンのみんなはそれを分かってくれてて、本番の日とかは、控え室にはその日試合がある人しか入れないので、招集所にみんなが来てくれて、スタンドに行く前に寄って、「頑張ってね」って声をかけてくれるんです。今回は「大丈夫、大丈夫」って声をかけてくれる人が多かったです。私のことをよく分かってくれてるうえですから、それは非常に心強くて。ちゃんと私のことを理解してくれているからこそ、素直に受け止められました。今までの積み重ねがあったうえで、親身になって応援してくれる。それがこんなに私に力をくれるとは知りませんでした。

## 招集所で引き継いだ涙のバトン――星 奈津美

私、松田丈志さんが待ちに待った200mバタフライの決勝の瞬間を、ちょうど自分の200mバタフライ準決勝が始まる直前に、招集所のモニターで見てたんですね。そしたら「絶対に金」と言っていた種目で惜しくも銅。モニターには、丈志さんの顔はアップで映らず、一体どういう表情だったか分からなかったんですけど、きっと本気で金を狙っていた分、絶対悔しかったんだろうなぁって。

そして自分自身の準決勝を無事に終え、決勝進出を決めて控え室に戻った時、偶然にも丈志さんがそこにいたんです。そしたら少し泣いたような涙の跡があって、それにもかかわらず大きな笑顔でニコッと笑って、

「なちゅりん、明日は頼んだよ！」って言ってくれたんです。

私への優しい言葉もそうだけど、それ以上にその清々しい感じにびっくりしてしまって、「すごいよキャプテン、私もこんなふうに終われたらなぁ」

って思ったんです。同時に私も明日は絶対に悔いのない決勝にしようと。

私とキャプテンは、もちろん実力も年齢も違うけど、同じ200mバタフライってことで共通点があり、これがスピードと持久力の両方を求められる実にハードな種目だけに、ロンドンの前は、ただただ疲労するために、心臓を強くするために行くようなフラッグスタッフの高地合宿にも一緒に行きました。

男女の違いはあるのでそこまで同じメニューではないですが、丈志さんがメイン練習をやっていて、ハードな練習をやってたりすると、やっぱり心強く思います。やってることは違うけど、同じように追い込んでるのを見ると、ひとりでやってる感じではなくなり、それで頑張れることもあります。

実際、私が一番重要視する200mバタフライならではの練習内容を評価してくれたこともあったし、きっと調子が悪い時には途中で立ちたくなるくらいに厳しいラスト50mのツラさも同じだろうし、やっぱり図々しくも勝手に同志という感じなんです。

200mバタフライの実力は、みんながそうかは分からないけど、全部練習の中で作るしかないと私は思っていて、やっぱり最後でどれだけ耐えられるか、最後に力を出し、持久力との兼ね合いで、それが最後まで持つかがポイント。

そういう意味では丈志さんみたいに、自信を一枚一枚積み重ねていく人に向いていて、まさに丈志さんは鉄人、２００ｍバタフライの男だと思いますし、憧れます。

だからそんな丈志さんにもらった涙のバトンが嬉しくもありがたく、「よし、頑張ろう、丈志さんの分まで」と思ったんです。

決勝の結果は私も銅。もちろんもっといい色のメダルが欲しくないわけではなかったけど、私も丈志さんと同じ色が獲れてよかったと心から思っているんです。本当ですよ。

## 日本の作戦がズバリ当たった！――藤井拓郎

さて、肝心の超クライマックス、男子メドレーリレーの解説行きましょうか。果たして最終日に行われた「競泳界の華」とも呼べる男子メドレーリレーで、過去最高の銀メダルを奪取したトビウオジャパン。あの日あの時、一体何が起こったのかというと……ズバリ日本の戦略が当たったたんですね。

というのもいわゆる実力的に考えるとアメリカが頭ひとつ抜け出てまして、次にオーストラリアと続き、日本はせいぜいイギリスとの３位争いというのが事前の予想でした。

しかもそもそもアメリカ、オーストラリアの2強は選手層が厚いので、予選と決勝でメンバーをまず変えてくる。これはリレー種目では有利なわけです。なぜなら予選と決勝で選手を入れ替えれば、休養十分な選手を決勝に投入できますから。いわば「ベストな体力で勝負！」作戦とでも言いましょうか。

かたや日本はそこまで選手層が厚くないこともあって、あえて予選からベストメンバーで出る作戦を採った。これはある意味2強とは正反対で、同じ4選手にリアルな本番を経験させることでタイムを上げる、ある種の「習熟度作戦」。結果としてこれが幸いしたわけですが、次はそこ、詳しく解説しましょう。

大前提として、メドレーリレーのメンバー構成が非常に不安定なところにこのレースの面白みがあります。素人的には、

「単純に速い選手を並べたら勝つんじゃね？」

と思われがちですが、メドレーリレーは国ごとに背泳ぎ、平泳ぎ、バタフライ、自由形からそれぞれひとりずつ選出。そのために自由度が高く、チームはギリギリまでベストな人選を探ります。タイム、体調、メンタル、オリンピックにかける想い、前日までのスケジュール……いろんな要素が複雑に加味されるため、どこの国もギリギリになるまでメンバーを決定できません。よって4選手の連係は不十分であることが多く、日本の入江・北

島・松田・藤井の4人も実はこのメンツでまともにリレーするのは初めて！　マジで大丈夫なのかっ？　要はいろんな連係等でミスをする可能性が非常に高かったのです。

よって、予選はタイム的には通過はそれほど厳しくなかったですが、あえて全員が全力で泳ぎました。そうすることでギリギリ極限状態でのミスや連係具合を洗い出そうというわけです。実際これは功を奏しました。

予選のビデオを私、スイムオタク藤井拓郎が念入りに見たところ、反省点は山ほど見つかりましたが、これは問題であると同時に朗報です。それらを全部直せば、予選で落ちた体力を補ってあまりあるタイム向上が見込めるからです。

予選後、ビデオを4人で眺めつつ藤井は全身全霊をもって泳ぎの修正に入りました。

まず指摘したのは「飛び込み」です。これまた素人的にはそんなに違いあるの？　って感じでしょうが、個人レース用の飛び込みとリレーの引き継ぎで使う飛び込みは根本的に違います。一番違うのはルール的に「手の反動を使うことが許されている」こと。つまり、腕を回して飛び込むことが許されており、これで確実に速くなります。

ここではオタク藤井の極秘ノウハウを投入いたしました。私が4継こと400mフリーリレーを何年も見続けて得たニューテクニック、いわば「横スイング飛び込み」です。

一般的にリレーでの飛び込みは、腕を下から上に回すことで反動を使いますが、これだとパワーが向かう方向が微妙に上にズレます。実はこれ、非常にもったいない。よって藤井方式では腕を横から前に回す方法を採り、前日練習でキング北島さんに試していただいたところ、

「あ、これイイわ！」

との返事。結果、コーチ陣にも認められ、今回のメドレーリレーで正式に採用されました。特許欲しいです（笑）。

それとあとは引き継ぎのロスです。これまた0・1秒0・2秒の世界ですが、4人のリレーでは最大3回生ずるので合わさるとかなりデカくなる。これまた僭越ながら藤井がひとりひとりにアドバイスさせていただきました。

とはいえ背泳ぎの入江君のスタートは個人レースと同じだし、そもそも彼はリレーに強いタイプなので何も言いませんでした。

ただし、北島さんは若干リレーの感覚を忘れているのか、予選のビデオを見つつ納得していただきながら指摘し、同時に久々メドレーリレーのキャプテン松田さんにも同様にミスを指摘し、詰めてもらうことができました。

あとは……心理面とレース展開からくるペース配分です。例えば「波」の話ですが、競泳、特にラストの自由形では波が影響します。隣のレーンで前を泳ぐ人の波が自分の泳ぎ

の邪魔をするんです。個人では諦めるしかないですが、リレーだと隣が出遅れたりすると
いきなり有利になるので、そういう時は前半から飛ばす作戦に途中で切り替えたりします。
展開予想ですが、まずアメリカは前述通り能力的にズバ抜けていて背泳ぎ、バタフライ、
自由形全部1位で平泳ぎ3位。どう考えてもアメリカが勝つんです。でもバタフライの時
点で仮にこっちが1秒リードしていたら、一か八か前半突っ込んで、優勝を狙おうかと考
えました。ま、これは現実にはなりませんでしたが。
もうひとつは日本とアメリカがほぼ並び、ちょっと遅れてオーストラリアが来るパター
ンです。これが現実になったら、ぶっちゃけアメリカは捨てようと。なんせアメリカの自
由形、エイドリアンがまたハンパなく速いんで、コイツに勝つことは常識的にあり得ない。
で、実際にこのパターンが来ました……。
ここからはまあ、必死でしたよ。オーストラリアのマグナッセンとはそこそこ差が開い
てたのですが、コイツは実はさらに最悪にヤバイ。なんせ現役世界最速ですから。だから、
飛び込んでからはもう常にテンパってましたね。だからもう余計な情報は入れないように、
ずっと右呼吸でそっちを見ないように泳ぎました。
ここからは常にイメージあるのみで、
「この辺にいるこの辺にいる」

って仮想しながら泳いでました。

そして、ゴールにタッチした時はもう何も考える余裕がなく、今回のロンドンはコース台にランプがあって1位の場合1回光って、2位は2回光るんですけど、2回光って、

「おお〜!!　よし、やった！」

と。とはいえ待てよと。リレーの場合は最悪引き継ぎのフライングで失格の可能性があるんですね。だから、プールから上がってしばらくは、

「この順位で確定してくれ！」

って祈ってました。掲示板を見続け、暫定順位の時は1コースから順番にタイムが表示されてくるんですけど、それがパッと変わり、1位から順に表示されるようになると正式確定なんです。ドキドキしながら見ててパッと2位確定した時は……、

「ああもうよかった」

ですよ（笑）。それしかないです。

今、自分の泳ぎを見たら余計な力が入ってたのかもしれないし、うまくいったかは正直分かりません。とにかく僕、ムッチャ緊張してましたから。実際、予選から決勝まで1日半あったでしょう。いろんなこと考えましたし、最悪のことも考えましたよ。よくて3位、最悪4位になったりする可能性もあるので、そうすると、

「僕だけの被害じゃすまないぞ」と。

「親も町、歩けんようになるぞ」と。

今考えるとあれですけど、松田さんの名言、

「康介さんを手ぶらで……」

ってカッコいいですけど、僕からするとそれどころじゃなかったです。4位になったらそれこそ日本に帰れない……って感じで。本当に本当によかった。

## 自分たちを証明する手段がこれしか残ってなかった——松田丈志

オリンピック後の報道によると、コーチたちは男子メドレーリレーは「うまくいって銅メダル」と思ってたって話じゃないですか。でも僕らは正直、強い想いがあったんですよ。というのもメドレーリレーのメンバー4人全員、個人のレースがイマイチだったから。まず僕が200mバタフライで、

「金狙い！」

って言ってたのに銅で終わっちゃったのもあるし、康介さんは康介さんでそれまでロンドンでメダルなしだったから、

「俺はメッチャ必死だったよ。自分の成績悪かったから、なんとかしてやらなきゃ……このままじゃ終われねぇ……みたいのはあったし、みんなが大会でいい成績残してくれたのに、ここで足引っ張るわけにはいかないと思って。実際後でビデオで見たら、今回丈志に決勝でバトンタッチした直後、ガッツポーズしてるんだよね（笑）」

って康介さんは言ってて、陵介は陵介で、銀は素晴らしいけど彼も金を狙ってたし、そのうえ、後で聞いたらメドレーリレーに特別な思い入れがあったらしく、陵介曰く、

「僕、昔からずっとメドレーリレーに憧れてて、絶対4年後にこの舞台に出るって決めて4年間やってきたので。なかなかメンバーが決まらなかったけど、決まったら出られるだけで嬉しくて。予選は前日レースでちょっとキツかったけどトップバッターで出て必死に泳いで53秒0。それから決勝までは1日半、常にずっと4人一緒に過ごしましたよね。サポートハウスでみんなで食事して、みんなで交代浴に入ったりしました。そうやってできる限り連係を高めようと」

それと拓郎は拓郎で最悪だったみたいで……、

「実は僕、唯一個人で出た100mバタフライで、スタートした瞬間いきなりストリームラインがはずれちゃったんですよ。そんなこと考えもしなかったミスで、歩こうと思って両足いっぺんに動かして倒れちゃったようなもので、今まで何千本って泳いできて4年間

一度も出なかったミス。ミスっていうよりほとんどアクシデントです。しかも元々スタートが苦手で出遅れるほうなのに、そんなことまで起きたから最悪で0・4秒は遅れて、100mで0・4秒っていったらまさに即死で、泳いでいる間は分からなかったけど、とにかく失敗した……って焦って平常心じゃなかったこともあって、後半も伸びずに予選敗退。俺4年間ロンドンのためだけに生きて、全部つなげてたのにそういうのここで来る?」

って拓郎は言ってて、結局、今回のメドレーリレーって4人が4人、最後の数日間とはいえ、それぞれ自分の想いと身体をもう一度つなぎ直す作業をやってるんですよね。個人のレースでそれぞれ悔しさがあって、それぞれ立て直し、再調整して、結局それがうまくつながった気がするんですよ。

僕は僕で200mバタフライで金が獲れなかった時はすごい悔しくて、2日ぐらい眠れなかったんですけど、

「最後にメドレーリレーがある!」

って思い出したら、悔しがるのは後回しにして、メドレーリレーにかけようと。そして必死に体調を整え、他の3人の足を引っ張らないように準備をしました。

結局、それがリレーのいいところなんですが、不確定要素がある分、逆に気持ちで動かせる部分も多いんですよ。それは各国みんな同じだろうけど。

でもホント、実力的には負けてたかもしれないオーストラリアを抜けたのって、ある意味できすぎかもしれないけど、この４人がそれぞれ個人で蓄えた悔しさを集めて研いで爆発させた結果だからだと思うんですよね。そしてチームのみんなも本当に心の底から応援してくれた。

そういう意味では「順当」だと思うんですけど、皆さんはどう感じますか？

JAPAN
JAPAN

期待を背負い、想いを胸に寺川綾、鈴木聡美、加藤ゆか、上田春佳の４人は決戦の場に赴く。つないだ手から力をもらう。ひとりじゃない

幾多の試練と苦難を乗り越え手に入れたメドレーリレーの銀メダル。胸に去来する万感の思い。27人のリレーここに完結

重圧をはねのけ結果を出した男の顔は、どこか清々しい

chapter 10

Japanese Olympic Swimming Team 27

# 北島康介×松田丈志 スペシャル対談

## トビウオたちの心はなぜひとつになれたのか？

**松田**　康介さん、今回のトビウオジャパン、なんでまとまれたんだと思います？

**北島**　正直、不思議だね。なんでこれでまとまれるんだってくらいにみんな個性的（笑）。

**松田**　ぶっちゃけ康介さんから見て、今回のチームはどうだったのかと。

**北島**　今回俺は海外に拠点を置いてたってことで、丈志に甘えてチームを中というより、外から見てたわけだけど、選手の年齢的な幅もあって難しくて、だから丈志だけではなく、コーチやトレーナーさんの力っていうのも大きかったんだと思う。

**松田**　言えてます。その通りです。

**北島**　僕らは幸運にも若い頃から代表入りできて、多少当たり前になっている部分もあるかもしれないけど、初めての子には、ヘッドコーチがいて、担当コーチがいて、トレーナーがいて、シャペロン（用務係）がいて、ドクターがいてってて、実はそれだけで安心できる部分があるんじゃないかな。丈志や俺みたいな経験者もいるし。

**松田**　代表としての体制はたぶんアテネの時より北京の時、北京の時よりロンドンの時って、むしろだんだんよくなってるんじゃないかと思います。情報や経験の蓄積もあるし。ちなみに初めてのオリンピック、康介さんはどうだったんですか？

**北島**　緊張した！　それに当時は日本チーム全体がまだオリンピックで戦う姿勢にはなってなくて、それをここ十何年で「世界大会で結果を残す強いチームに変えていこう！」って目標が生まれてね。そこから仲いいだけじゃ強くなれないし、選手ひとりひとりが頑張らないとってなって。今回も成績が悪かったらこんなに注目されてないし、よかったから言われるだけであって、極論言うと、ダメだったらこうしよう、ああしようってレールを代表側がうまく敷いてくれたから、俺たちもすごく活躍しやすくなって、今回もそのレールの上に乗ってればイケるみたいな体制にはなっていたと思う。そのうえ、俺らみたいなメダリストも近くにいて、選手たちにすれば自分たちもこうなれるってイメージがしやすかったんじゃないかと。

**松田**　単なる仲良しチームと強いチームって実は全然違いますよね？

**北島**　もちろん。仲がいいだけにならなかったのは選手ひとりひとりの強い意識もあるし、コーチや丈志の発言なんかもあるだろうね。

**松田**　ちょっと怖いんですけど、今回の僕をキャプテンとして採点すると何点ですか？

**北島**　え？　マジ？（笑）。正直全然そんなことしたくないし、キャプテンってことだけでプレッシャーも目配りの必要性もあるし、俺自身、採点なんてされるの嫌だからさ。

**松田**　僕は結構、充実してましたよ（笑）。

**北島**　いや、丈志は偉いよね。なかなか選手ひとりひとりとちゃんと対話するのは難しいし、今回丈志は自分の結果を残しつつそれもやって、チーム目標もクリアしてるんだから、本当に100点つけていいと思う。

**松田**　僕、昔と変わりましたかね？　自分ではそういう意識はあまりないんですが。

**北島**　だいぶ変わったんじゃない？　昔とは違って周りが見れたり、気配りができるようになったり。もちろん年齢的には当然ではあるんだろうけど、そういうことができる選手が一流と呼ばれると思うし。27人もいて、中にはライバルもいて、で、自分も当然頑張りつつも、選手ひとりひとりをきちんと応援できて、心から祝福できて、そういうチームがいいとは俺も思う。

**編集部**　今回ハタから見てて一番シビレたのはそこですよね。己のエゴとみんなを盛り上げたいという気持ちが自然に両立できている。本来自由奔放なはずの高校生の女の子たちも「こんな居心地いいとこない」って。

**松田**　そこ、嬉しいですよね。

**北島**　でも、それが「いいチーム」ってもんなんじゃないの？　俺も初めて17歳で出た時は、大好きな先輩たちがいて、夢だった選手と一緒に泳げて、本当に別世界みたいな感じで、だけど自分の試合は結果出なくて「これがオリンピックか」みたいな。そこで「やっぱ活躍したい！」っていうのが最初だから。

**松田**　オリンピックのモチベーションはやっぱりオリンピックでもらうってありますよね。

**北島**　若い選手がまずは一度体験して、自分がどう戦いたいのか？　自分がどうなりたいのか？　って感じるのはすごい大切だと思う。

**松田**　康介さんにとってはそれがシドニーだったんですか？

**北島**　そうだね。俺にとっての初めてのシニアの大会がそれで、それまではジュニアの仲良しグループだったけど、オリンピックともなると別格で、自分たちはジュニアのノリが残ってたけど、先輩たちに「そうじゃねえんだよ」「メダルを獲るってのは遊びじゃねえんだ」ってストイックな姿勢を教えてもらった。それを肌で感じられるのは大きいと思う。

**松田**　ある意味、そこがオリンピックの本当のすごさであり、素晴らしさかもしれませんね。ところで康介さんがキャプテンだった北京大会はどんな感じでやってたんですか。

**北島**　今回とは違って、ベテランも多かったし、前回のアテネでメダルを獲った人も多かったからキャプテンとしての役割は少なかった。初出場も少なかったしね。だから自然とまとまる。後は自分が結果残してチームに勢いつけてってのはすごい考えてたかな。

**松田**　2連続2冠ですからね。まさしく「背中で引っ張る」のお手本ですよね。

**北島**　そうそう、北京はひとりひとりの役割は決まっていたし、それに比べてロンドンは初出場が半分以上で、女子高生が3人で男子も高校生がひとり？　なにしろ一番下の香生子が15歳で、俺が29歳という……ヤバイよね（笑）。

**松田**　僕が最初に上野監督に言われたのは、「初出場の選手にどれだけいいパフォーマンスをさせるかがカギだ」と。27人のうち10人がオリンピック経験者で、17人が初オリンピックだから、そういう意識は常にありましたよね。あと康介さんに関しては上野監督も「好きにやらせろ」だったから、僕はまず26人がロンドンまでにしっかりまとまって、最後に康介さんがエッセンス的にがっちり加わって……ってイメージしてました。

**北島**　寿司のワサビみたいにピリッと？（笑）。俺もひとりになってやらなきゃいけないことも多いから大変だったけど、いざロンドンって時にはみんなの力はいるし、できるだけジャパンの合宿とか試合は気にしてたつもり。アメリカに来た試合も見に行ったし。

**松田**　6月のサンタクララですね。

**北島**　そういうところでしか接点持てなかったからね。なるべく近くにいようと。

**編集部**　でもぶっちゃけ北島さんは、ひとりでも勝てるタイプなんじゃないんですか？

**北島**　いや、仲間は必要というか、協力してくれる人はたくさんいたよね。ただし、最後にコース台に立つのはひとりで、別にコーチがチューブで引っ張ってくれるわけじゃないし、最後は自分のメンタルだから、勝負するんだ！ って気持ちは常にあったね。

**松田** 僕は逆に康介さんの周りの使い方というか、仲間の作り方をすごく参考にしましたね。康介さん、周りの人たちをすごく大切にするし、そうすると周りの人たちも自然と「この人に頑張ってほしい！」ってなるじゃないですか。康介さんはそうやって周りの力を自分の力に変えていく作業がものすごくうまかったと思う。というか人心掌握が天才的な人だと思った。

**北島** そこは表現するのがすごく難しいね。ただし、ストイックに周りを遮断して、自分ひとりで勝つ！ っていうのも手は手だとは思う。

**編集部** 加藤ゆかさんは前回の北京の時は「ひとりで泳いでいるようだった」みたいで、今回ロンドンの時は「みんなで泳いでた」そうなんです。

**北島** ゆかは4年前から新しいスイミングクラブに移籍して、平井コーチがいて、寺川綾、上田春佳がいて、ものすごくチームとして充実していて、個々で高め合ってダメだったら一緒に泣いて、よかったら称え合って、という中でチームを感じられたんだと思う。今回彼女はリレーはよかったけど、個人ではそれほどの成績を残せなくて、でも純粋にオリンピックの満足感としては前回よりも高いと思う。

**松田** やっぱり仲間の存在はデカいですよね。

**北島**　人間性も含まれると思う。他人と絡みたくてもなかなか絡めない人もいるし、自分から本質をさらけ出すことができない選手もいる。オリンピックってすごく閉鎖的だし、ガチゴチになっちゃうから、その枠をちょっと広げてあげるだけでもその人の力になるし、それもチーム力だと思う。

**松田**　最終的にはひとりで戦わなきゃいけないから、その厳しい舞台に立つまではサポートしてあげたいし、応援してあげたいですよね。

**北島**　みんなと一緒に行動して、一緒に練習して、一緒に食事して寝てるわけだから、ひとりでも誰かが背を向けてたら気になるし、実際、丈志なんかはすごくそういうのを気にしてたでしょ。今回キャプテンとして。

**松田**　全体をぼんやり見るような感じでしたけどね。とにかく今回最初に集まった時に「いいメンツ集まったな！」って思って、上野監督もそう言ってたし、後は個性が強い人間が多いから、僕ひとりがなんかやるんじゃなくて、その個性をひとりひとりが出せるようになればいいのかなって思ってました。

**編集部**　高校生は「すごく楽しかった」と。

**北島**　うまく引っ張られたんだと思う。だいたいこっちも別に高校生とか思ってなかったしね。単純に彼女たちになんとか力を出させてあげたいと思ってたんじゃないのかな。

**松田**　派閥はなかったですよね？

**北島**　全然なかったよね。そこは（寺川）綾なんかがうまくやったんじゃないの？

**松田**　メドレーリレーで女子が銅メダル獲ったことに、それはすごく表れたと思う。

**北島**　綾はズバズバ言うからな。性格的に。それはきっとよかったはず。

**編集部**　中間管理職の松本弥生さんによれば「嫌われ役を買って出ていた」そうです。

**北島**　かっこいい〜。オンナはそうじゃなきゃまとまんないもんな。

**編集部**　それと大塚美優ちゃんの決勝前には、靴の中に励ましの手紙まで入れたそうで。

**松田**　へぇ〜、そんなことやってたんだ、アイツ……。オトコはないですよね、そういうの。ところで立石、今回頑張ったと思うんですけど、康介さんから見てどうでした？

**北島**　頑張ったと思う。それにアイツうまいから、人付き合い。機転が利くっていうか、その場に入れる雰囲気を自ら作っていけるタイプだから。放っときゃ手間かかんないよ。

**松田**　モチベーションは高かったみたいですけどね。立石の場合、ポイントはそれですよ。

**編集部**　「いつもは努力しない天才」と言われているので、今回は同じ種目の北島さんをかなり意識したのかなと思って聞いたら……あまりしてないみたいで（苦笑）。

**北島**　でしょ？　マイペースなオトコですよ、彼は。

**松田**　ところで、水泳選手にとってのコミュニケーション能力ってなんだと思います？

**北島**　どれが正しいとかはないんじゃないかな。閉鎖的なヤツもいるし、オープンなヤツもいるし、逆に周りから分析っていうか、イジられないと動けないヤツも中にはいるだろうから。それは日本の教育もあるんだろうし、昔から尻叩かれてやるわけじゃないですか、日本の水泳って。そこには自分のモチベーションを持ちつつも、コーチの意見を聞きつつ、自分の意見を言えるヤツもいるだろうし、コーチの意見しか聞いてないヤツもいるだろうし、逆にコーチの意見聞かないで、自分からこうしなきゃいけないんだってヤツも中にはいるだろうし。人それぞれだと思う。こうでなきゃいけないっていうのはない。

**松田**　でも、コミュニケーション能力が高いほうが自分の能力もすぐ発揮できますよね。

**北島**　それはそうだろうね。チームにすぐ溶け込めるタイプ、例えば嬉しい表情であったり、前向きで素直な発言であったり、そういう表現が自然にできるヤツは強い。それから周りから人が寄ってきたりした時、人って何か共通点を探したりするじゃない。知らない人なんかに対しても「あ、コイツ面白いな」って部分を探したり、「コイツつまらなそうだから、なんか面白いところ見つけてやろうかな」って思ったりする人も強い。

**編集部**　それ、レベル高いですよ。いわゆる人イジりですね。藤井拓郎さん級です（笑）。

**松田**　うまくいく確率が上がる気がしますね。ないよりあったほうがいいし、ましてやトップクラスに上がるためには絶対なきゃいけないとは思いますけど。しかし康介さん、話しうまいですよね。いきなり監督から「話せ」って振られて、いつもあんなに話せる。

**北島** そうでもないよ。特に今回はどこを基準にしゃべるかが難しくて、高校生に向かってしゃべるのか、丈志や綾みたいにメダルが獲れそうなヤツにしゃべるのか悩んだ。だから今回はすごいふんわりしたしゃべりになったよね。偉そうにしゃべることはいくらでもできるけど、それはしたくないし、かといって下から目線も変でしょ。そこはすごく難しかったかな。監督も丈志もいきなり振ってくるから（苦笑）、とりあえず自分の経験談をしゃべるしかない。

**編集部** 逆に松田さんは、どのへんに気を使ってみんなにしゃべってました？

**松田** 僕が常に思ってたのは、「自分ひとりでなんとかしよう」というふうには絶対しないようにと。後は前のほうでも書いたけど、僕は最初のアテネでうまくいかなくて、当時「みんなもっと教えといてくれればいいのに！」って思ったから、参考になりそうな経験談は惜しみなくしゃべってやろうと思って。そこはおせっかいくらいの感じもあったかもしれない。

**北島** そこはすごい伝わってた。ものすごくよかったと思う。

**松田** 男子チームはすごく拓郎が効いてましたよね。ものすごくみんなとしゃべってて。

**北島** アイツは先輩に対してはやたら礼儀正しいけど、下には本当に平等で、アイツがこういろいろ引き出してたり、見てて本当に素晴らしいなって俺は思ってた。
**松田**　そういえば康介さん、ちょびヒゲ事件。話してくださいよ（笑）。
**北島**　ああ、あれね（笑）。いや、ロンドン入りして、渡邉一樹がいたからふと思いついて「この無精ヒゲ、ちょびヒゲにしたらどうする？」って言ったら、「いや、マズイっすよ、マズイっすよ」って言うから次の日、本当にしていったらヤツ大爆笑で（笑）。普段人前で顔変えないようなヤツが、プールの水飲んじゃうか？　って勢いで笑ってた。
**松田**　いや普通、笑いますって。そういうとこ康介さん、いつもおいしく持っていきますよね。ところで僕ら世代の（寺川）綾とか（伊藤）華英とはどうしてたんですか？
**北島**　実は俺、今回はあまり絡みたくないと思ってた。だって俺と綾がメッチャ仲良く話してたら、それだけでも威圧っていうか……ヤじゃん。
**松田**　確かに。ひとつの勢力になっちゃいますよね。そんな気がなくても。
**北島**　昔は超ちょっかい出してたけどね。中学から知ってるから。まあ、そういうイジりをやり足りなかったのが唯一の心残りかな。俺、すげぇちょっかい出したいタイプだから。
**松田**　ところで萩野公介はどうですか？　コウスケ・ジュニア。
**北島**　全然ジュニアじゃないけどね（笑）。しかし、コイツはアレだよね。全然、高校生っぽくないね。なんだか俺にはない雰囲気を醸し出している。

**編集部**　拓郎さん曰く、康介さん越えの可能性を秘めてるって言ってましたよ。

**松田**　ちなみに康介さんが17歳ぐらいの時って？

**北島**　いやギャーギャーでしたよ、イケイケで押せ押せ！　みたいな感じで（笑）。

**松田**　ところで今回でいうとやっぱりいいことばかりじゃなくて、最大の課題をいうと金が獲れなかったチームなわけじゃないですか。そこはどう思ってますか？

**北島**　う～ん、確かにそこの解釈は難しくて、丈志なんかにしてもそうだし、陵介にしてもそうだけど、まだまだ金メダルを諦めてないし、掴む道を探してるし、答えを見つけようとしてるんだと思う。だけど、実際はなかなか金が獲れないという現実があって、ここに正直答えはないし、僕でもわからない。水泳に関してはとにかく記録が止まっていることはないから。毎年変化があって、毎年伸びていっているスピードの世界であって、そこで確実に金を獲るのがどれだけ難しいことか。

**松田**　そうですよね。進化は止まりませんから。

**北島**　ゴールが見えたと思ったら、そのゴールがまた行ってしまうようなもので、常に流動的で、常にチャレンジングで、蜃気楼を追うようなものだと思う。とにかく、どんどん自分の皮を剥いで進化していってもらうしかないんだけど、実は日本の環境からしてそこにトライできるだけで幸せなことだけは分かってほしい。今のスポーツは結果でしか見られてないからツラいけど、実は簡単に金が獲れるって思うことのほうがおかしくて、今回の結果は誰にも恥じることのない結果だと思う。それより、今回はおのずと日本の持つ底辺の厚みみたいのを示せたし、いつかは金メダリストが絶対出てくると思うし、それは4年後かもしれないし、8年後かもしれないし。とにかく階級があるわけじゃないからね、水泳は。もっと体格別クラスに分かれてたら、間違いなく金獲りまくってるよ、日本。

**松田**　ぶっちゃけ今回の世代って、北島世代っていうか、みんな北島さんを見て、憧れて育った世代なんですけど、そういうのってどうですか？

**北島**　それは、ありがたいし、嬉しいよね。既に俺なんか超ベテランの域に入っちゃって、とっくに辞めてる同期が多いし、逆に一緒に水泳やっててオリンピック行けない選手もごまんといたわけだから、俺としては一緒にお風呂じゃないけど、一緒の水に入ってやってきた仲間だから、常に辞めてったヤツのことを考えてやってきたし。

**松田**　最後に残ったひとりとしての責任みたいなもんですよね。僕も先日、現役続行宣言しましたけど、残った者の宿命みたいなものってありますよね。人の分まで泳いでいるような……。

**北島**　そういう意味では水泳ってずっと背負ってるよね。つながってるっていうか、つながりがどんどん続いていくというか。

# 最強競泳日本代表27人の個性豊かなトビウオたち

27

Kazuki Watanabe

## 渡邉一樹

①1987年1月12日②O型③100m・200m背泳ぎ④ベーさん⑤ドM、無頼⑥カルビ⑦綾瀬はるか⑧勝負の場

Kazuya Kaneda

## 金田和也

①1987年11月5日②A型③200mバタフライ④かずや⑤苦労人、小食⑥焼き肉⑦感性が合う人⑧夢の場所

Ryo Tateishi

## 立石 諒

①1989年6月12日②AB型③100m・200m平泳ぎ④たていし⑤突っ込み⑥焼き肉⑦落ち着いた人⑧仲間

Ryosuke Irie

## 入江陵介

①1990年1月24日②A型③100m・200m背泳ぎ、メドレーリレー④イリエンジェル⑤中間管理職⑥焼き肉、マカロン⑦家庭的な人⑧水族館

Kosuke Kitajima

## 北島康介

①1982年9月22日②B型③100m・200m平泳ぎ、メドレーリレー④キング⑤イケイケ、天才肌⑥ハンバーグ⑦なし⑧誇り

Takeshi Matsuda

## 松田丈志

①1984年6月23日②O型③100m・200mバタフライ、メドレーリレー④キャプテン⑤しっかり者⑥納豆⑦よく笑う人⑧戦うチーム

Ken Takakuwa

## 高桑 健

①1985年3月25日②O型③200m・400m個人メドレー④けんちゃん⑤マニアック⑥チャーシュー⑦なし⑧成長できる場所

Takuro Fujii

## 藤井拓郎

①1985年4月21日②AB型③100mバタフライ、メドレーリレー④たくろー⑤オタク、マジメ⑥ラーメン⑦広末涼子⑧宝の山

① 誕生日
② 血液型
③ 出場種目
④ 愛称
⑤ 特性
⑥ 好物
⑦ 好きなタイプ
⑧ 代表とは？

Aya Terakawa

**寺川 綾**

①1984年11月12日②O型③100m背泳ぎ、メドレーリレー④あやさん⑤断舎離⑥寿司⑦包み込んでくれる人⑧成長させてくれる場所

Hanae Ito

**伊藤華英**

①1985年1月18日②AB型③200m自由形、400m・800mフリーリレー④ハナエ⑤笑い上戸⑥とうふラーメン⑦人間力のある人⑧家族

Yuka Kato

**加藤ゆか**

①1986年10月30日②B型③100mバタフライ、メドレーリレー④カトユカ⑤我慢しない⑥寿司⑦柴犬みたいな人⑧一種の家族

Haruka Ueda

**上田春佳**

①1988年4月27日②O型③100m自由形、400m・800mフリーリレー、メドレーリレー④はるか⑤ハッキリ言う⑥枝豆⑦優しい人⑧仲間

Yayoi Matsumoto

**松本弥生**

①1990年3月8日②O型③50m自由形、400m・800mフリーリレー④まつもと⑤勝ち気、姉御肌⑥明太子⑦肩幅が自分以上⑧家族

Chiaki Ishibashi

**石橋千彰**

①1991年6月22日②A型③800mフリーリレー④ちあき⑤ポジティブ⑥豚の角煮⑦笑顔が素敵な人⑧強くなれる場所

Yuya Horihata

**堀畑裕也**

①1990年7月30日②B型③400m個人メドレー④ゆうや⑤ポジティブ⑥おばあちゃんの手料理⑦香里奈⑧高め合える家族

Sho Sotodate

**外舘 祥**

①1991年8月5日②A型③800mフリーリレー④ハコダテ⑤アーティスト⑥寿司⑦昭和臭い人⑧美ら海水族館

Yuki Kobori

**小堀勇氣**

①1993年11月25日②A型③800mフリーリレー④こぼちゃん⑤意外とビックマウス⑥豚トロ⑦蒼井優⑧家族

Kosuke Hagino

**萩野公介**

①1994年8月15日②B型③200m・400m個人メドレー④ハム介⑤物怖じしない⑥オレンジ、苺⑦大島優子⑧最高のチーム

Aya Takano

## 高野 綾

①1994年3月14日②A型③400m自由形、800mフリーリレー④あや⑤大阪人⑥メルティーキッス⑦肩幅と学力が自分以上⑧遊園地

Miyu Otsuka

## 大塚美優

①1994年7月19日②O型③200m背泳ぎ、400m個人メドレー④みゆ⑤辛抱強い⑥ホイップクリーム⑦肉食系⑧憧れ

Miki Uchida

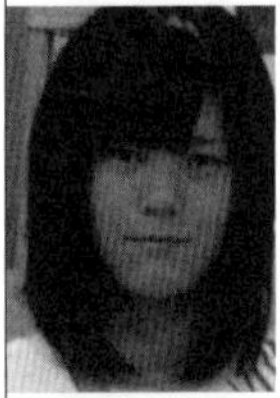

## 内田美希

①1995年2月21日②B型③400mフリーリレー④ミキティ⑤女子高生⑥AKB48⑦優しい人⑧自覚を持つ場所

Kanako Watanabe

## 渡部香生子

①1996年11月15日②A型③200m平泳ぎ④かなこ⑤女子高生⑥抹茶系⑦好きになった人⑧忘れられないチーム

Japanese
Olympic
Swimming Team

27

Izumi Kato

## 加藤 和

①1990年3月24日②O型③200m個人メドレー④いずみ⑤マイペース⑥もも⑦伊藤英明、清水翔太⑧憧れ

Natsumi Hoshi

## 星 奈津美

①1990年8月21日②A型③100m・200mバタフライ④なちゅりん⑤マイペース⑥うなぎ⑦嵐の大野くん⑧尊敬出来る仲間

Mina Matsushima

## 松島美菜

①1991年1月25日②B型③100m平泳ぎ④みなちゃん⑤自由奔放⑥楽しい人⑦千寿せんべい、ミニーちゃん⑧打ち上げ花火

Satomi Suzuki

## 鈴木聡美

①1991年1月29日②O型③100m・200m平泳ぎ、メドレーリレー④ボンバー⑤マイペース⑥生パスタ⑦なし⑧世界への挑戦権

Miho Takahashi

## 高橋美帆

①1992年12月1日②A型③400m個人メドレー④すーぱーみぽりん⑤不器用⑥ヨーグルト⑦手がおっきい人⑧動物園

# つながる心《こころ》

ロンドン五輪競泳日本代表
ひとりじゃない、チームだから戦えた

2013年1月30日　第1刷発行

著　者　27人のトビウオジャパン　松田丈志・北島康介・寺川綾……
発行者　加藤　潤
発行所　株式会社 集英社
〒101-8050 東京都千代田区一ツ橋 2-5-10
編集部　03（3230）6068
販売部　03（3230）6393
読者係　03（3230）6080
印刷所　大日本印刷株式会社
製本所　大日本印刷株式会社





ISBN 978-4-08-786026-9 C0095

集英社ビジネス書公式ホームページ
http://business.shueisha.co.jp/
集英社ビジネス書公式 Twitter（@s_bizbooks）
http://twitter.com/s_bizbooks